最高人民检察院指导性案例

（2021）

人民出版社

图书在版编目(CIP)数据

最高人民检察院指导性案例.2021. —北京:人民出版社,2022.3
ISBN 978-7-01-024000-8

Ⅰ.①最… Ⅱ. Ⅲ.①案例-中国-2021 Ⅳ.①D920.5

中国版本图书馆 CIP 数据核字(2021)第 237774 号

最高人民检察院指导性案例(2021)
ZUIGAO RENMIN JIANCHAYUAN ZHIDAOXING ANLI(2021)

人民出版社 出版发行
(100706 北京市东城区隆福寺街 99 号)

中煤(北京)印务有限公司印刷 新华书店经销

2022 年 3 月第 1 版 2022 年 3 月北京第 1 次印刷
开本:710 毫米×1000 毫米 1/16 印张:13.25
字数:196 千字

ISBN 978-7-01-024000-8 定价:69.00 元

邮购地址 100706 北京市东城区隆福寺街 99 号
人民东方图书销售中心 电话 (010)65250042 65289539

出版说明

为了贯彻落实党中央关于建立案例指导制度的司法改革举措，加强和规范检察机关案例指导工作，充分发挥指导性案例规范司法办案的作用，促进检察机关严格公正司法，保障法律统一正确实施，结合检察工作实际，最高人民检察院自2021年1—12月，发布了第二十五批、第二十六批、第二十七批、第二十八批、第二十九批、第三十批、第三十一批共计37个指导性案例。现将这些指导性案例汇编成册，与我社2021年2月出版的《最高人民检察院指导性案例（2020）》（收录了第十六批至第二十四批指导性案例）、2020年3月出版的《最高人民检察院指导性案例（2019）》（收录了第十四批、第十五批指导性案例）、2019年3月出版的《最高人民检察院指导性案例（2018）》（收录了第十批、第十一批、第十二批、第十三批指导性案例）、2018年2月出版的《最高人民检察院指导性案例（2017）》（收录了第八批、第九批指导性案例）构成一系列，以方便各级检察机关工作人员以及其他法律工作者在司法实践中参照。

2022年1月

目录 CONTENTS

最高人民检察院第二十七批指导性案例

最高人民检察院第二十八批指导性案例

最高人民检察院第二十九批指导性案例

最高人民检察院第三十批指导性案例

最高人民检察院第三十一批指导性案例

最高人民检察院第三十二批指导性案例

最高人民检察院

第二十五批指导性案例

检例 第94号

余某某等人重大劳动安全事故重大责任事故案

关键词 重大劳动安全事故罪 重大责任事故罪 关联案件办理 追诉漏罪漏犯 检察建议

|要旨|

办理危害生产安全刑事案件,要根据案发原因及涉案人员的职责和行为,准确适用重大责任事故罪和重大劳动安全事故罪。要全面审查案件事实证据,依法追诉漏罪漏犯,准确认定责任主体和相关人员责任,并及时移交职务违法犯罪线索。针对事故中暴露出的相关单位安全管理漏洞和监管问题,要及时制发检察建议,督促落实整改。

|基本案情|

被告人余某某,男,湖北A化工集团股份有限公司(简称A化工集团)原董事长、当阳市B矸石发电有限责任公司(简称B矸石发电公司,该公司由A化工集团投资控股)原法定代表人。

被告人张某某,男,A 化工集团物资供应公司原副经理。

被告人双某某,男,B 矸石发电公司原总经理。

被告人赵某某,男,A 化工集团原副总经理、总工程师。

被告人叶某某,男,A 化工集团生产部原部长。

被告人赵玉某,男,B 矸石发电公司原常务副总经理兼总工程师。

被告人王某某,男,B 矸石发电公司原锅炉车间主任。

2015 年 6 月,B 矸石发电公司热电联产项目开工建设。施工中,余某某、双某某为了加快建设进度,在采购设备时,未按湖北省发展与改革委员会关于该项目须公开招投标的要求,自行组织邀请招标。张某某收受无生产资质的重庆某仪表有限公司(简称仪表公司)负责人李某某给予的 4000 元好处费及钓鱼竿等财物,向其采购了质量不合格的“一体焊接式长颈喷嘴”(简称喷嘴),安装在 2 号、3 号锅炉高压主蒸汽管道上。项目建成后,余某某、双某某擅自决定试生产。

2016 年 8 月 10 日凌晨,B 矸石发电公司锅炉车间当班员工巡检时发现集中控制室前楼板滴水、2 号锅炉高压主蒸汽管道保温层漏汽。赵玉某、王某某赶到现场,未发现滴水情况和泄漏点,未进一步探查。8 月 11 日 11 时许,锅炉运行人员发现事故喷嘴附近有泄漏声音且温度比平时高,赵玉某指示当班员工继续加强监控。13 时许,2 号锅炉主蒸汽管道蒸汽泄漏更加明显且伴随高频啸叫声。赵玉某、王某某未按《锅炉安全技术规程》《锅炉运行规程》等规定下达紧急停炉指令。13 时 50 分至 14 时 20 分,叶某某先后三次接到 B 矸石发电公司生产科副科长和 A 化工集团生产调度中心调度员电话报告“2 号锅炉主蒸汽管道有泄漏,请求停炉”。叶某某既未到现场处置,也未按规定下达停炉指令。14 时 30 分,叶某某向赵某某报告“蒸汽管道泄漏,电厂要求停炉”。赵某某未按规定下达停炉指令,亦未到现场处置。14 时 49 分,2 号锅炉高压主蒸汽管道上的喷嘴发生爆裂,致使大量高温蒸汽喷入事故区域,造成 22 人死亡、4 人受伤,直接经济损失 2313 万元。

检察机关履职过程

(一)介入侦查

事故发生后,当阳市公安局以涉嫌重大责任事故罪对余某某、双某某、张某某、赵玉某、王某某、赵某某、叶某某等人立案侦查并采取强制措施。当阳市人民检察院提前介入,参加公安机关案情研讨,从三个方面提出取证重点:一是查明事故企业在立项审批、设备采购、项目建设及招投标过程中是否存在违法违规行为;二是查明余某某等人对企业安全生产的管理职责;三是查明在事故过程中,余某某等人的履职情况及具体行为。当阳市公安局补充完善上述证据,侦查终结后,于 2017 年 1 月 23 日至 2 月 22 日对余某某等 7 人以涉嫌重大责任事故罪先后向当阳市人民检察院移送起诉。

(二)审查起诉

该事故涉及的系列案件共 11 件 14 人,除上述 7 人外,还包括湖北省特种设备检验检测研究院宜昌分院、当阳市发展与改革局、当阳市质监局工作人员涉嫌的渎职犯罪,A 化工集团有关人员涉嫌的帮助毁灭证据犯罪以及仪表公司涉嫌的生产、销售伪劣产品犯罪。当阳市人民检察院按照案件类型成立多个办案组,根据案件的难易程度调配力量,保证各办案组的审查起诉工作协调推进。由于不同罪名的案情存在密切关联,为使各办案组掌握全部案情,办案部门定期召开检察官联席会议,统一协调系列案件的办理。

当阳市人民检察院审查认为:本次事故发生的最主要原因是 B 矸石发电公司所采购的喷嘴系质量不合格的劣质产品,直接原因是主蒸汽管道蒸汽泄漏形成重大安全隐患时,相关管理人员没有按照操作规程及时停炉,作出正确处置。余某某、双某某作为 A 化工集团负责人和 B 矸石发电公司管理者,在热电联产项目设备采购过程中,未按审批内容公开招标,自行组织邀请招标,监督管理不到位,致使采购人员采购了质量不合格的喷嘴;张某某作为 A 化工集团电气设备采购负责人，收受投标人好处费，怠于履行职责，未严格审查投标单位是否具备相关生产资质，采购了无资质厂家生产的存在严重安全隐患的劣质产品，3人的主要责任均在于未依法依规履职，致使B矸石发电公司的安全生产设施和条件不符合国家规定，从而导致本案事故的发生，涉嫌构成重大劳动安全事故罪。赵某某作为A化工集团副总经理、总工程师，叶某某作为该集团生产部部长，赵玉某作为B矸石发电公司的副总经理，王某某作为该公司锅炉车间主任，对B矸石发电公司的安全生产均负有直接管理职责，4人在高压蒸汽管道出现漏汽、温度异常并伴随高频啸叫声的危险情况下，未按操作规程采取紧急停炉措施，导致重大伤亡事故发生，4人的主要责任在于生产、作业过程中违反有关安全管理规定，涉嫌构成重大责任事故罪。

同时，当阳市人民检察院在办案中发现，赵某某在事故发生后同意A化工集团安全部部长孙某某（以帮助毁灭证据罪另案处理）将集团办公系统中储存的13万余份关于集团内部岗位职责的电子数据（该数据对查清公司高层管理人员在事故中的责任具有重要作用）删除，涉嫌帮助毁灭证据罪，遂依法予以追加起诉。

2017年5月至6月，当阳市人民检察院先后以余某某、双某某、张某某涉嫌重大劳动安全事故罪，赵玉某、王某某、叶某某涉嫌重大责任事故罪，赵某某涉嫌重大责任事故罪、帮助毁灭证据罪向当阳市人民法院提起公诉。

（三）指控与证明犯罪

当阳市人民法院分别于2017年6月20日、7月4日、7月20日公开开庭审理上述案件。各被告人对公诉指控的犯罪事实及出示的证据均不持异议，当庭认罪。余某某的辩护人提出余某某不构成犯罪，理由是：（1）A化工集团虽然是B矸石发电公司的控股股东，余某某是法定代表人，但只负责B矸石发电公司的投资和重大技改。B矸石发电公司作为独立的企业法人实行总经理负责制，人员招聘任免、日常管理生产、设备采购均由B矸石发电公司自己负责。（2）该事故系多因一果，原因包括设计不符合标准规范要求、事故喷嘴是质量不合格的劣质产品,不能将设计方及不合格产品生产方的责任转嫁由B矸石发电公司承担。公诉人针对辩护意见答辩:(1)A化工集团作为B矸石发电公司的控股股东,对B矸石发电公司实行人力资源、财务、物资采购、生产调度的“四统一”管理。余某某既是A化工集团的董事长,又是B矸石发电公司的法定代表人,是企业安全生产的第一责任人。其违规决定采取邀请招标的方式采购设备,致使B矸石发电公司采购了质量不合格的喷嘴。(2)本案事故发生的主要原因为喷嘴质量不合格,同时相关管理人员在生产、作业中违反安全管理规定,操作不当,各方都应当在自己职责范围内承担相应的法律责任,不能因为追究其中一方的责任就减轻或免除其他人的责任。因此,应以重大劳动安全事故罪追究余某某的刑事责任。

(四)处理结果

2018年8月21日,当阳市人民法院以重大劳动安全事故罪分别判处被告人余某某、双某某、张某某有期徒刑五年、四年、五年;以重大责任事故罪、帮助毁灭证据罪分别判处被告人赵某某有期徒刑四年、六个月,数罪并罚决定执行四年三个月;以重大责任事故罪分别判处被告人叶某某、赵玉某、王某某有期徒刑四年、五年、四年。各被告人均未上诉,判决已生效。

(五)办理关联案件

一是依法惩处生产、销售不符合安全标准的产品犯罪。本案事故发生的最主要原因是安装在主蒸汽管道上的喷嘴质量不合格。2017年2月17日,当阳市公安局对喷嘴生产企业仪表公司负责人李某某以涉嫌生产、销售伪劣产品罪向当阳市人民检察院移送起诉。当阳市人民检察院经审查认为,李某某明知生产的喷嘴将被安装于高压蒸汽管道上,直接影响生产安全和他人人身、财产安全,但其为追求经济利益,在不具备生产高温高压设备资质和条件的情况下,通过查看书籍、网上查询的方法自行设计、制造了喷嘴,并伪造产品检测报告和合格证，销售给B矸石发电公司，其行为属于生产、销售不符合保障人身、财产安全国家标准、行业标准的产品，造成特别严重后果的情况。本案中的喷嘴既属于伪劣产品，也属于不符合安全标准的产品，李某某的行为同时构成生产、销售伪劣产品罪和生产、销售不符合安全标准的产品罪，根据刑法第149条第2款规定，应当依照处罚较重的生产、销售不符合安全标准的产品罪定罪处罚。5月22日，当阳市人民检察院以该罪对李某某提起公诉。同时，追加起诉了仪表公司为单位犯罪。后李某某及仪表公司被以生产、销售不符合安全标准的产品罪判处刑罚。

二是依法追究职务犯罪。当阳市人民检察院办理本案过程中，依照当时的法定权限深挖事故背后的国家工作人员职务犯罪。查明：当阳市发展和改革局原副局长杨某未落实省、市发展与改革委员会文件要求，未对B矸石发电公司设备采购招投标工作进行监管，致使该公司自行组织邀标，采购了质量严重不合格的喷嘴；当阳市质量技术监督局特监科原科长赵某怠于履行监管职责，未对B矸石发电公司特种设备的安装、使用进行监督检查；宜昌市特种设备检验检测研究院技术负责人韩某、压力管道室主任饶某、副主任洪某在对发生事故的高压主蒸汽管道安装安全质量监督检验工作中，未严格执行国家行业规范，对项目建设和管道安装过程中的违法违规问题没有监督纠正，致使存在严重质量缺陷和安全隐患的高压主蒸汽管道顺利通过监督检验并运行。2017年3月至5月，当阳市人民检察院分别对5人以玩忽职守罪提起公诉（另，饶某还涉嫌构成挪用公款罪）。2018年8月21日，当阳市人民法院分别以玩忽职守罪判处5人有期徒刑三年六个月至有期徒刑三年缓刑四年不等。后5人均提出上诉，宜昌市中级人民法院裁定驳回上诉，维持原判。判决已生效。

（六）制发检察建议

针对本案反映出的当阳市人民政府及有关职能部门怠于履行职责、相关工作人员责任意识不强、相关企业安全生产观念淡薄等问题，2017年8月16

日,当阳市人民检察院向当阳市人民政府及市发展和改革局、市质量技术监督局分别发出检察建议,提出组织相关部门联合执法、在全市范围内开展安全生产大检查、加强对全市重大项目工程建设和招投标工作的监督管理、加强对全市特种设备及相关人员的监督管理、加大对企业安全生产知识的宣传等有针对性的意见建议。被建议单位高度重视,通过开展重点行业领域专项整治活动、联合执法等措施,认真整改落实。检察建议促进当地政府有关部门加强了安全生产监管,相关企业提升了安全生产管理水平。

|指导意义|

(一)准确适用重大责任事故罪与重大劳动安全事故罪。两罪主体均为生产经营活动的从业者,法定最高刑均为七年以下有期徒刑。两罪的差异主要在于行为特征不同,重大责任事故罪是行为人“在生产、作业中违反有关安全管理的规定”;重大劳动安全事故罪是生产经营单位的“安全生产设施或者安全生产条件不符合国家规定”。实践中,安全生产事故发生的原因如果仅为生产、作业中违反有关安全管理的规定,或者仅为提供的安全生产设施或条件不符合国家规定,罪名较易确定;如果事故发生系上述两方面混合因素所致,两罪则会出现竞合,此时,应当根据相关涉案人员的工作职责和具体行为来认定其罪名。具体而言,对企业安全生产负有责任的人员,在生产、作业过程中违反安全管理规定的,应认定为重大责任事故罪;对企业安全生产设施或者安全生产条件不符合国家规定负有责任的人员,应认定为重大劳动安全事故罪;如果行为人的行为同时包括在生产、作业中违反有关安全管理的规定和提供安全生产设施或条件不符合国家规定,为全面评价其行为,应认定为重大责任事故罪。

(二)准确界定不同责任人员和责任单位的罪名,依法追诉漏罪漏犯,向相关部门移交职务违法犯罪线索。安全生产刑事案件,有的涉案人员较多,既有一线的直接责任人员,也有管理层的实际控制人,还有负责审批监管的国家工作人员;有的涉及罪名较广,包括生产、销售不符合安全标准的产品罪、玩忽职守罪、受贿罪、帮助毁灭证据罪等;除了自然人犯罪,有的还包括单位犯罪。

检察机关办案中，要注重深挖线索，准确界定相关人员责任，发现漏罪漏犯要及时追诉。对负有监管职责的国家工作人员，涉嫌渎职犯罪或者违纪违法的，及时将线索移交相关部门处理。

（三）充分发挥检察建议作用，以办案促安全生产治理。安全生产事关企业健康发展，人民群众人身财产安全，社会和谐稳定。党的十九大报告指出，要“树立安全发展理念，弘扬生命至上、安全第一的思想，健全公共安全体系，完善安全生产责任制，坚决遏制重特大安全事故，提升防灾减灾救灾能力”。检察机关要认真贯彻落实，充分履行检察职能，在依法严厉打击危害企业安全生产犯罪的同时，针对办案中发现的安全生产方面的监管漏洞或怠于履行职责等问题，要积极主动作为，在充分了解有关部门职能范围的基础上，有针对性地制发检察建议，并持续跟踪落实情况，引导企业树牢安全发展理念，督促政府相关部门加强安全生产监管，实现以办案促进治理，为安全生产保驾护航。

| 相关规定 |

《中华人民共和国刑法》第一百三十四条、第一百三十五条、第一百四十六条、第一百四十九条、第三百零七条第二款、第三百九十七条

《最高人民法院、最高人民检察院关于办理危害生产安全刑事案件适用法律若干问题的解释》第一条、第三条

《最高人民法院关于进一步加强危害生产安全刑事案件审判工作的意见》

检例第95号

宋某某等人重大责任事故案

关键词 事故调查报告 证据审查 责任划分 不起诉 追诉漏犯

|要旨|

对相关部门出具的安全生产事故调查报告,要综合全案证据进行审查,准确认定案件事实和相关人员责任。要正确区分相关涉案人员的责任和追责方式,发现漏犯及时追诉,对不符合起诉条件的,依法作出不起诉处理。

|基本案情|

被告人宋某某,男,山西A煤业公司(隶属于山西B煤业公司)原矿长。

被告人杨某,男,A煤业公司原总工程师。

被不起诉人赵某某,男,A煤业公司原工人。

2016年5月,宋某某作为A煤业公司矿长,在3号煤层配采项目建设过程中,违反《关于加强煤炭建设项目管理的通知》(发改能源〔2006〕1039号)要求,在没有施工单位和监理单位的情况下,即开始自行组织工人进行施工,并与周某某(以伪造公司印章罪另案处理)签订虚假的施工、监理合同以应付相关单位的验收。杨某作为该矿的总工程师,违反《煤矿安全规程》(国家安全监管总局令第87号)要求,未结合实际情况加强设计和制订安全措施,在3号煤层配采施工遇到旧巷时仍然采用常规设计,且部分设计数据与相关要求不符,导致旧巷扩刷工程对顶煤支护的力度不够。2017年3月9日3时50分许,该矿施工人员赵某某带领4名工人在3101综采工作面运输顺槽和联络巷交岔口处清煤时,发生顶部支护板塌落事故,导致上覆煤层坍塌,造成3名工人死亡,赵某某及另一名工人受伤,直接经济损失635.9万元。

|检察机关履职过程|

(一)补充侦查

2017年5月5日,长治市事故联合调查组认定宋某某、赵某某分别负事故的主要责任、直接责任,二人行为涉嫌重大责任事故罪,建议由公安机关依法处理,并建议对杨某等相关人员给予党政纪处分或行政处罚。2018年3月18日,长治市公安局上党分局对赵某某、宋某某以涉嫌重大责任事故罪立案侦查,并于5月31日移送长治市上党区(案发时为长治县)人民检察院审查起诉。

上党区人民检察院审查认为,该案相关人员责任不明、部分事实不清,公安机关结合事故调查报告作出的一些结论性事实认定缺乏证据支撑。如调查报告和公安机关均认定赵某某在发现顶板漏煤的情况下未及时组织人员撤离,其涉嫌构成重大责任事故罪。检察机关审查发现,认定该事实的证据主要是工人冯某某的证言,但其说法前后不一,现有证据不足以认定该事实。为查清赵某某的责任,上党区人民检察院开展自行侦查,调查核实相关证人证言等证据。再如调查报告和公安机关均认定总工程师杨某"在运输顺槽遇到旧巷时仍然采用常规设计,未结合实际情况及时修改作业规程或补充安全技术措施",但是公安机关移送的案卷材料中,没有杨某的设计图纸,也没有操作规程的相关规定。针对上述问题检察机关二次退回补充侦查,要求补充杨某的设计图纸、相关操作规程等证据材料;并就全案提出补充施工具体由谁指挥、宋某某和股东代表是否有过商议、安检站站长以及安检员职责等补查意见,以查清相关人员具体行为和责任。后公安机关补充完善了上述证据,查清了相关人员责任等案件事实。

(二)准确认定相关人员责任

上党区人民检察院经审查,认为事故发生的主要原因有:一是该矿违反规定自行施工,项目安全管理不到位;二是项目扩刷支护工程设计不符合行业标准要求。在分清主要和次要原因、直接和间接原因的基础上,上党区人民检察院对事故责任人进行了准确区分,作出相应处理。

第一,依法追究主要责任人宋某某的刑事责任。检察机关审查认为,《关于加强煤炭建设项目管理的通知》要求建设单位要按有关规定,通过招投标方式,结合煤矿建设施工的灾害特点,确定施工和监理单位。宋某某作为建设单位A煤业公司的矿长,是矿井安全生产第一责任人,负责全矿安全生产工作,为节约成本,其违反上述通知要求,在没有施工单位和监理单位(均要求具备相关资质)的情况下,弄虚作假应付验收,无资质情况下自行组织工人施工,长期危险作业,最终发生该起事故,其对事故的发生负主要责任。且事故发生后,其对事故的迟报负直接责任。遂对宋某某以重大责任事故罪向上党区人民法院提起公诉。

第二,依法对赵某某作出不起诉决定。事故调查报告认定赵某某对事故的发生负直接责任,认为赵某某在发现漏煤时未组织人员撤离而是继续清煤导致了事故的发生,公安机关对其以重大责任事故罪移送起诉。检察机关审查起诉过程中,经自行侦查,发现案发地点当时是否出现过顶板漏煤的情况存在疑点,赵某某、冯某某和其他案发前经过此处及上一班工人的证言,均不能印证现场存在漏煤的事实,不能证明赵某某对危害结果的发生有主观认识,无法确定赵某某的责任。因此,依据刑事诉讼法第175条第4款规定,对赵某某作出不起诉决定。

第三，依法追诉漏犯杨某。公安机关未对杨某移送起诉，检察机关认为，《煤矿安全规程》要求，在采煤工作面遇过断层、过老空区时应制定安全措施，采用锚杆、锚索等支护形式加强支护。杨某作为 A 煤业公司总工程师，负责全矿技术工作，其未按照上述规程要求，加强安全设计，履行岗位职责不到位，对事故的发生负主要责任。虽然事故调查报告建议“吊销其安全生产管理人员安全生产知识和管理能力考核合格证”，但行政处罚不能代替刑事处罚。因此，依法对杨某以涉嫌重大责任事故罪予以追诉。

（三）指控与证明犯罪

庭审中，被告人宋某某辩称，是 A 煤业公司矿委会集体决定煤矿自行组织工人施工的，并非其一个人的责任。公诉人答辩指出，虽然自行组织施工的决定是由矿委会作出的，但是宋某某作为矿长，是矿井安全生产的第一责任人，明知施工应当由有资质的施工单位进行且应在监理单位监理下施工，仍自行组织工人施工，且在工程日常施工过程中安全管理不到位，最终导致了该起事故的发生，其对事故的发生负主要责任，应当以重大责任事故罪追究其刑事责任。

（四）处理结果

2018 年 12 月 21 日，上党区人民法院作出一审判决，认定宋某某、杨某犯重大责任事故罪，考虑到二人均当庭认罪悔罪，如实供述自己的犯罪事实，具有坦白情节，且 A 煤业公司积极对被害方进行赔偿，分别判处二人有期徒刑三年，缓刑三年。二被告人均未提出上诉，判决已生效。

事故发生后，主管部门对 A 煤业公司作出责令停产整顿四个月、暂扣《安全生产许可证》、罚款 270 万元的行政处罚。对宋某某开除党籍，吊销矿长安全资格证，给予其终生不得担任矿长职务、处年收入 80%罚款等处罚；对杨某给予吊销安全生产知识和管理能力考核合格证的处罚。对 A 煤业公司生产副矿长、安全副矿长等5人分别予以吊销安全生产知识和管理能力考核合格证、撤销职务、留党察看、罚款或解除合同等处理;对B煤业公司董事长、总经理、驻A煤业公司安检员等9人分别给予相应的党政纪处分及行政处罚;对长治市上党区原煤炭工业局总工程师、煤炭工业局驻A煤业公司原安检员等10人分别给予相应的党政纪处分。对时任长治县县委书记、县长等4人也给予相应的党政纪处分。

指导意义

(一)安全生产事故调查报告在刑事诉讼中可以作为证据使用,应结合全案证据进行审查。安全生产事故发生后,相关部门作出的事故调查报告,与收集调取的物证、书证、视听资料、电子数据等相关证据材料一并移送给司法机关后,调查报告和这些证据材料在刑事诉讼中可以作为证据使用。调查报告对事故原因、事故性质、责任认定、责任者处理等提出的具体意见和建议,是检察机关办案中是否追究相关人员刑事责任的重要参考,但不应直接作为定案的依据,检察机关应结合全案证据进行审查,准确认定案件事实和涉案人员责任。对于调查报告中未建议移送司法机关处理,侦查(调查)机关也未移送起诉的人员,检察机关审查后认为应当追究刑事责任的,要依法追诉。对于调查报告建议移送司法机关处理,侦查(调查)机关移送起诉的涉案人员,检察机关审查后认为证据不足或者不应当追究刑事责任的,应依法作出不起诉决定。

(二)通过补充侦查完善证据体系,查清涉案人员的具体行为和责任大小。危害生产安全刑事案件往往涉案人员较多,案发原因复杂,检察机关应当根据案件特点,从案发直接原因和间接原因、主要原因和次要原因、涉案人员岗位职责、履职过程、违反有关管理规定的具体表现和事故发生后的施救经过、违规行为与结果之间的因果关系等方面进行审查,证据有欠缺的,应当通过自行侦查或退回补充侦查,补充完善证据,准确区分和认定各涉案人员的责任,做到不枉不纵。

(三)准确区分责任,注重多层次、多手段惩治相关涉案人员。对涉案人员身份多样的案件,要按照各涉案人员在事故中有无主观过错、违反了哪方面职责和规定、具体行为表现及对事故发生所起的作用等，确定其是否需要承担刑事责任。对于不予追究刑事责任的涉案人员，相关部门也未进行处理的，发现需要追究党政纪责任，禁止其从事相关行业，或者应对其作出行政处罚的，要及时向有关部门移送线索，提出意见和建议。确保多层次的追责方式能起到惩戒犯罪、预防再犯、促进安全生产的作用。

丨相关规定丨

《中华人民共和国刑法》第一百三十四条第一款

《中华人民共和国刑事诉讼法》第一百七十一条、第一百七十五条

《人民检察院刑事诉讼规则》第三百五十六条、第三百六十七条

《最高人民法院、最高人民检察院关于办理危害生产安全刑事案件适用法律若干问题的解释》第一条、第六条

《最高人民法院关于进一步加强危害生产安全刑事案件审判工作的意见》第四条、第六条、第八条

检例第96号

黄某某等人重大责任事故、谎报安全事故案

关键词　谎报安全事故罪　引导侦查取证　污染处置　化解社会矛盾

| 要旨 |

检察机关要充分运用行政执法和刑事司法衔接工作机制,通过积极履职,加强对线索移送和立案的法律监督。认定谎报安全事故罪,要重点审查谎报行为与贻误事故抢救结果之间的因果关系。对同时构成重大责任事故罪和谎报安全事故罪的,应当数罪并罚。应注重督促涉事单位或有关部门及时赔偿被害人损失,有效化解社会矛盾。安全生产事故涉及生态环境污染等公益损害的,刑事检察部门要和公益诉讼检察部门加强协作配合,督促协同行政监管部门,统筹运用法律、行政、经济等手段严格落实企业主体责任,修复受损公益,防控安全风险。

| 基本案情 |

被告人黄某某,男,福建A石油化工实业有限公司(简称A公司)原法定

代表人兼执行董事。

被告人雷某某,男,A公司原副总经理。

被告人陈某某,男,A公司原常务副总经理兼安全生产管理委员会主任。

被告人陈小某,男,A公司码头原操作工。

被告人刘某某,男,A公司码头原操作班长。

被告人林某某,男,B船务有限公司(简称B公司)“天桐1”船舶原水手。

被告人叶某某,男,B公司“天桐1”船舶原水手长。

被告人徐某某,男,A公司原安全环保部经理。

2018年3月,C材料科技有限公司(简称C公司)与A公司签订货品仓储租赁合同,租用A公司3005#、3006#储罐用于存储其向福建某石油化工有限公司购买的工业用裂解碳九(简称碳九)。同年,B公司与C公司签订船舶运输合同,委派“天桐1”船舶到A公司码头装载碳九。

同年11月3日16时许,“天桐1”船舶靠泊在A公司2000吨级码头,准备接运A公司3005#储罐内的碳九。18时30分许,当班的刘某某、陈小某开始碳九装船作业,因码头吊机自2018年以来一直处于故障状态,二人便违规操作,人工拖拽输油软管,将岸上输送碳九的管道终端阀门和船舶货油总阀门相连接。陈小某用绳索把输油软管固定在岸上操作平台的固定支脚上,船上值班人员将船上的输油软管固定在船舶的右舷护栏上。19时许,刘某某、陈小某打开码头输油阀门开始输送碳九。其间,被告人徐某某作为值班经理,刘某某、陈小某作为现场操作班长及操作工,叶某某、林某某作为值班水手长及水手,均未按规定在各自职责范围内对装船情况进行巡查。4日凌晨,输油软管因两端被绳索固定致下拉长度受限而破裂,约69.1吨碳九泄漏,造成A公司码头附近海域水体、空气等受到污染,周边69名居民身体不适接受治疗。泄漏的碳九越过围油栏扩散至附近海域网箱养殖区,部分浮体被碳九溶解,导致网箱下沉。

事故发生后,雷某某到达现场向A公司生产运行部副经理卢某和计量员庄某核实碳九泄漏量,在得知实际泄漏量约有69.1吨的情况后,要求船方隐瞒事故原因和泄漏量。黄某某、雷某某、陈某某等人经商议,决定在对外通报及向相关部门书面报告中谎报事故发生的原因是法兰垫片老化、碳九泄漏量为6.97吨。A公司也未按照海上溢油事故专项应急预案等有关规定启动一级应急响应程序,导致不能及时有效地组织应急处置人员开展事故抢救工作,直接贻误事故抢救时机,进一步扩大事故危害后果,并造成不良的社会影响。经审计,事故造成直接经济损失672.73万元。经泉州市生态环境局委托,生态环境部华南环境科学研究所作出技术评估报告,认定该起事故泄露的碳九是一种组分复杂的混合物,其中含量最高的双环戊二烯为低毒化学品,长期接触会刺激眼睛、皮肤、呼吸道及消化道系统,遇明火、高热或与氧化剂接触,有引起燃烧爆炸的危险。本次事故泄露的碳九对海水水质的影响天数为25天,对海洋沉积物及潮间带泥滩的影响天数为100天,对海洋生物质量的影响天数为51天,对海洋生态影响的最大时间以潮间带残留污染物全部挥发计,约100天。

| 检察机关履职过程 |

(一)介入侦查

经事故调查组认定,该事故为企业生产管理责任不落实引发的化学品泄漏事故。事故发生后,泉州市泉港区人民检察院与泉州市及泉港区原安监部门、公安机关等共同就事故定性与侦查取证方向问题进行会商。泉港区人民检察院根据已掌握的情况并听取省、市两级检察院指导意见,提出涉案人员可能涉嫌重大责任事故罪、谎报安全事故罪。2018年11月10日、11月23日,泉港公安分局分别以涉嫌上述两罪对黄某某等8人立案侦查。泉港区人民检察院提前介入引导侦查,提出取证方向和重点:尽快固定现场证据,调取能体现涉案人员违规操作及未履行日常隐患排查和治理职责的相关证据,及船舶安全管理文件、复合软管使用操作规程、油船码头安全作业规程、A公司操作规程等证据材料;根据案件定性,加强对犯罪现场的勘验,强化勘验现场与言词证据的印证关系;注重客观证据的收集,全面调取监控视频、语音通话、短信、聊天记录等电子证据。侦查过程中，持续跟进案件办理，就事实认定、强制措施适用、办案程序规范等进一步提出意见建议。11月24日，泉港区人民检察院对相关责任人员批准逮捕后，发出《逮捕案件继续侦查取证意见书》，要求公安机关及时调取事故调查报告，收集固定直接经济损失、人员受损、环境污染等相关证据，委托相关机构出具涉案碳九属性的检验报告，调取A公司谎报事故发生原因、泄漏量以及谎报贻误抢救时机等相关证据材料，并全程跟踪、引导侦查取证工作。上述证据公安机关均补充到位，为后续案件办理奠定了扎实的基础。

（二）审查起诉

案件移送起诉后，泉港区人民检察院成立以检察长为主办检察官的办案组，针对被告人陈某某及其辩护人提出的陈某某虽被任命为常务副总经理职务，但并未实际参与安全生产，也未履行安全生产工作职责，其不构成重大责任事故罪的意见，及时要求公安机关调取A公司内部有关材料，证实了陈某某实际履行A公司安全生产职责，系安全生产第一责任人的事实。针对公安机关出具的陈某某、刘某某、陈小某系主动投案的到案经过说明与案件实际情况不符等问题，通过讯问被告人、向事故调查组核实等方式自行侦查进行核实。经查，公安机关根据掌握的线索，先后将陈某某、刘某某、陈小某带至办案中心进行审查，3人均不具备到案的主动性。本案未经退回补充侦查，2019年6月6日，泉港区人民检察院以黄某某、雷某某、陈某某涉嫌重大责任事故罪、谎报安全事故罪，以陈小某等5人涉嫌重大责任事故罪向泉港区人民法院提起公诉，并分别提出量刑建议。

（三）指控与证明犯罪

鉴于该案重大复杂，泉港区人民检察院建议法院召开庭前会议，充分听取被告人、辩护人的意见。2019年7月5日，泉港区人民法院开庭审理此案。

庭审中,部分被告人及辩护人提出黄某某、雷某某、陈某某的谎报行为未贻误抢救时机,不构成谎报安全事故罪;被告人陈某某不具有安全生产监管责任,不构成重大责任事故罪;对部分被告人应当适用缓刑等辩解和辩护意见。公诉人针对上述辩护意见有针对性地对各被告人展开讯问,并全面出示证据,充分证实了检察机关指控的各被告人的犯罪事实清楚、证据确实充分。针对黄某某等人的行为不构成谎报安全事故罪的辩解,公诉人答辩指出,黄某某等人合谋并串通他人瞒报碳九泄露数量,致使 A 公司未能采取最高级别的一级响应(溢油量 50 吨以上),而只是采取最低级别的三级响应(溢油量 10 吨以下)。按照规定,一级响应需要全公司和社会力量参与应急,三级响应则仅需运行部门和协议单位参与应急。黄某某等人的谎报行为贻误了事故救援时机,导致直接经济损失扩大,同时造成了恶劣社会影响,依法构成谎报安全事故罪。针对陈某某不构成重大责任事故罪的辩解,公诉人指出,根据补充调取的书证及相关证人证言、被告人供述和辩解等证据,足以证实陈某某在案发前被任命为常务副总经理兼安全生产管理委员会主任,并已实际履行职务,系 A 公司安全生产第一责任人,其未在责任范围内有效履行安全生产管理职责,未发现并制止企业日常经营中长期存在的违规操作行为,致使企业在生产、作业过程中存在重大安全隐患,最终导致本案事故的发生,其应当对事故的发生承担主要责任,构成重大责任事故罪。针对应当对部分被告人适用缓刑的辩护意见,公诉人指出,本案性质恶劣,后果严重,不应对被告人适用缓刑。公诉人在庭审中的意见均得到一、二审法院的采纳。

(四)处理结果

2019 年 10 月 8 日,泉港区人民法院作出一审判决,采纳检察机关指控的事实、罪名及量刑建议。对被告人黄某某以重大责任事故罪、谎报安全事故罪分别判处有期徒刑三年六个月、一年六个月,数罪并罚决定执行四年六个月;对被告人雷某某以重大责任事故罪、谎报安全事故罪分别判处有期徒刑二年六个月、二年三个月,数罪并罚决定执行四年三个月;对被告人陈某某以重大责任事故罪、谎报安全事故罪分别判处有期徒刑一年六个月，数罪并罚决定执行二年六个月。对陈小某等 5 名被告人，以重大责任事故罪判处有期徒刑一年六个月至二年三个月不等。禁止黄某某、雷某某在判决规定期限内从事与安全生产相关的职业。雷某某等 6 人不服一审判决，提出上诉。2019 年 12 月 2 日，泉州市中级人民法院裁定驳回上诉，维持原判。判决已生效。

（五）污染处置

该起事故造成码头附近海域及海上网箱养殖区被污染，部分区域空气刺鼻，当地医院陆续接治接触泄漏碳九的群众 69 名，其中留院观察 11 名。泄漏的碳九越过围油栏扩散至网箱养殖区约 300 亩，直接影响海域面积约 0.6 平方公里，受损网箱养殖区涉及养殖户 152 户、养殖面积 99 单元。针对事故造成的危害后果，泉港区人民检察院认真听取被害人的意见和诉求，积极协调政府相关职能部门督促 A 公司赔偿事故周边群众的经济损失。在一审判决前，A 公司向受损养殖户回购了受污染的网箱养殖鲍鱼等海产品，及时弥补了养殖户损失，化解了社会矛盾。

泉港区人民检察院在提前介入侦查过程中，发现事故对附近海域及大气造成污染，刑事检察部门与公益诉讼检察部门同步介入，密切协作配合，根据当地行政执法与刑事司法衔接工作规定，及时启动重大案件会商机制，联系环保、海洋与渔业等部门，实地查看污染现场，了解事件进展情况。并针对案件性质、可能导致的后果等情况进行风险评估研判，就污染监测鉴定、公私财产损失计算、海域污染清理、修复等事宜对公安机关侦查和环保部门取证工作提出意见建议。前期取证工作，为泉州市生态环境局向厦门海事法院提起海洋自然资源与生态环境损害赔偿诉讼，奠定了良好基础。

| 指导意义 |

（一）准确认定谎报安全事故罪。一是本罪主体为特殊主体，是指对安全事故负有报告职责的人员，一般为发生安全事故的单位中负有组织、指挥或者管理职责的负责人、管理人员、实际控制人、投资人以及其他负有报告职责的人员,不包括没有法定或者职务要求报告义务的普通工人。二是认定本罪,应重点审查谎报事故的行为与贻误事故抢救结果之间是否存在刑法上的因果关系。只有谎报事故的行为造成贻误事故抢救的后果,即造成事故后果扩大或致使不能及时有效开展事故抢救,才可能构成本罪。如果事故已经完成抢救,或者没有抢救时机(危害结果不可能加重或扩大),则不构成本罪。构成重大责任事故罪,同时又构成谎报安全事故罪的,应当数罪并罚。

(二)健全完善行政执法与刑事司法衔接工作机制,提升法律监督实效。检察机关要认真贯彻落实国务院《行政执法机关移送涉嫌犯罪案件的规定》和中共中央办公厅、国务院办公厅转发的原国务院法制办等八部门《关于加强行政执法与刑事司法衔接工作的意见》以及应急管理部、公安部、最高人民法院、最高人民检察院联合制定的《安全生产行政执法与刑事司法衔接工作办法》,依照本地有关细化规定,加强相关执法司法信息交流、规范案件移送、加强法律监督。重大安全生产事故发生后,检察机关可通过查阅案件资料、参与案件会商等方式及时了解案情,从案件定性、证据收集、法律适用等方面提出意见建议,发现涉嫌犯罪的要及时建议相关行政执法部门向公安机关或者监察机关移送线索,着力解决安全生产事故有案不移、以罚代刑、有案不立等问题,形成查处和治理重大安全生产事故的合力。

(三)重视被害人权益保障,化解社会矛盾。一些重大安全生产事故影响范围广泛,被害人人数众多,人身损害和财产损失交织。检察机关办案中应高度重视维护被害人合法权益,注重听取被害人意见,全面掌握被害人诉求。要加强与相关职能部门的沟通配合,督促事故单位尽早赔偿被害人损失,及时回应社会关切,有效化解社会矛盾,确保实现办案政治效果、法律效果和社会效果相统一。

(四)安全生产事故涉及生态环境污染的,刑事检察部门要和公益诉讼检察部门加强协作配合,减少公共利益损害。化工等领域的安全生产事故,造成生态环境污染破坏的,刑事检察部门和公益诉讼检察部门要加强沟通,探索“一案双查”,提高效率,及时通报情况、移送线索,需要进行公益损害鉴定的,及时引导公安机关在侦查过程中进行鉴定。要积极与行政机关磋商，协同追究事故企业刑事、民事、生态损害赔偿责任。推动建立健全刑事制裁、民事赔偿和生态补偿有机衔接的生态环境修复责任制度。依托办理安全生产领域刑事案件，同步办好所涉及的生态环境和资源保护等领域公益诉讼案件，积极稳妥推进安全生产等新领域公益诉讼检察工作。

| 相关法律规定 |

《中华人民共和国刑法》第二十五条、第六十九条、第一百三十四条第一款、第一百三十九条之一

《最高人民法院、最高人民检察院关于办理危害生产安全刑事案件适用法律若干问题的解释》第一条、第四条、第六条、第七条、第八条、第十六条

国务院《行政执法机关移送涉嫌犯罪案件的规定》

中共中央办公厅、国务院办公厅转发的原国务院法制办等八部门《关于加强行政执法与刑事司法衔接工作的意见》

应急管理部、公安部、最高人民法院、最高人民检察院《安全生产行政执法与刑事司法衔接工作办法》

检例第97号

夏某某等人重大责任事故案

关键词　重大责任事故罪　交通肇事罪　捕后引导侦查　审判监督

要旨

内河运输中发生的船舶交通事故,相关责任人员可能同时涉嫌交通肇事罪和重大责任事故罪,要根据运输活动是否具有营运性质以及相关人员的具体职责和行为,准确适用罪名。重大责任事故往往涉案人员较多,因果关系复杂,要准确认定涉案单位投资人、管理人员及相关国家工作人员等涉案人员的刑事责任。

基本案情

被告人夏某某,男,原“X号”平板拖船股东、经营者、驾驶员。

被告人刘某某,男,原“X号”平板拖船驾驶员、平板拖船联营股东。

被告人左某某,男,原平板拖船联营股东、经营者。

被告人段某某,男,原“X号”平板拖船联营股东、经营者。

被告人夏英某,男,原“X号”平板拖船股东、经营者。

2012年3月，在左某某的召集下，“X号”等四艘平板拖船的股东夏某某、刘某某、段某某、伍某某等十余人经协商签订了联营协议，左某某负责日常经营管理及财务，并与段某某共同负责船只调度；夏某某、夏英某、刘某某负责“X号”平板拖船的具体经营。在未依法取得船舶检验合格证书、船舶登记证书、水路运输许可证、船舶营业运输证等经营资质的情况下，上述四艘平板拖船即在湖南省安化县资江河段部分水域进行货运车辆的运输业务。

2012年12月8日晚12时许，按照段某某的调度安排，夏某某、刘某某驾驶的“X号”在安化县烟溪镇十八渡码头搭载四台货运车，经资江水域柘溪水库航道前往安化县平口镇。因“X号”无车辆固定装置，夏某某、刘某某仅在车辆左后轮处塞上长方形木条、三角木防止其滑动，并且未要求驾乘人员离开驾驶室实行“人车分离”。次日凌晨3时许，“X号”行驶至平口镇安平村河段时，因刘某某操作不当，船体发生侧倾，致使所搭载的四台货运车辆滑入柘溪水库，沉入水中。该事故造成10名司乘人员随车落水，其中9人当场溺亡，直接经济损失100万元。

|检察机关履职过程|

（一）捕后引导侦查

事故发生后，“X号”驾驶员夏某某、刘某某主动投案，安化县公安局对二人以涉嫌重大责任事故罪立案侦查，经检察机关批准，对二人采取逮捕措施。安化县人民检察院审查批准逮捕时认为，在案证据仅能证明事故经过及后果，而证明联营体的组建、经营管理及是否违反安全生产规定的证据尚未到位。作出批捕决定的同时，提出详细的继续取证提纲，要求公安机关进一步查清四艘平板拖船的投资、经营管理情况及联营协议各方是否制定并遵守相关安全生产管理规定等。后公安机关补充完善了上述证据，对夏某某、刘某某以涉嫌重大责任事故罪向安化县人民检察院移送起诉。

(二)指控和证明犯罪

安化县人民检察院经审查,对夏某某、刘某某以涉嫌重大责任事故罪向安化县人民法院提起公诉。安化县人民法院公开开庭审理此案,庭审中,辩护律师辩称:该案若定性为重大责任事故罪,刘某某不是事故船舶股东,应宣判无罪;若定性为交通肇事罪,夏某某不是肇事驾驶员,也没有指使或强令违章驾驶行为,应宣判无罪。对此,公诉人出示事故调查报告、其他股东等证人证言、收据等证据,指出刘某某既是联营船舶的股东,又接受联营组织安排与夏某某一起负责经营管理"X 号";夏某某、刘某某在日常经营管理中,实施了非法运输、违规夜间航行、违规超载、无证驾驶或放任无证驾驶等违反安全管理规定的行为,二人均构成重大责任事故罪。安化县人民法院经审理认为该案是在公共交通管理范围内发生的水上交通事故,遂改变定性以交通肇事罪认定罪名。

(三)提出抗诉

检察机关审查后认为一审判决认定罪名有误,遂以一审判决适用法律确有错误为由,依法提出抗诉。主要理由:(1)联营船舶非法营运,长期危险作业。一是四艘船舶系左某某、夏某某、刘某某等股东分别委托他人非法制造,均未取得船舶检验合格证书、船舶登记证书、水路运输许可证、船舶营业运输证等经营资质,非法从事货运车辆运输经营。二是违反规定未配备适格船员。联营协议仅确定了利益分配方案和经营管理人员,左某某、段某某作为联营组织的管理人员,夏英某、夏某某、刘某某作为联营船舶的经营管理人员,违反《中华人民共和国安全生产法》《中华人民共和国内河交通安全管理条例》等规定,未制定安全作业管理规定,未配备拥有适任证的船员。三是联营船舶长期危险作业。未按规定组织船员参加安全生产教育培训,未在船舶上设置固定货运车辆的设施和安全救援设施,且无视海事、交通管理等部门多次作出的停航等行政处罚，无视“禁止夜间渡运、禁止超载、货运车辆人车分离”等安全规定，甚至私自拆除相关部门在船舶上加装的固定限载措施，长期危险营运。(2)夏某某、刘某某系“X 号”经营管理人员和驾驶人员，认定重大责任事故罪更能全面准确评价二人的行为。夏某某、刘某某是联营船舶经营管理人员，对上述违规和危险作业情况明知，且长期参与营运，又是事故当晚驾驶人员，实施了超载运输、无证驾驶、超速行驶等违规行为，二人同时违反了有关安全管理的规定和交通运输法规，因而发生重大事故，由于联营船舶运输活动具有营运性质，是生产经营活动，不仅是交通运输，以重大责任事故罪认定罪名更为准确，更能全面评价二人的行为。益阳市中级人民法院二审改变一审罪名认定，支持检察机关抗诉意见。

(四)依法追究股东等管理人员的刑事责任

事故发生后，公安机关分别对左某某、夏英某、段某某等股东以非法经营罪立案侦查，并提请安化县人民检察院批准逮捕。安化县人民检察院审查后，认为缺少事故调查报告、犯罪嫌疑人明知存在安全隐患等方面证据，以事实不清、证据不足为由不批捕。公安机关遂变更强制措施为监视居住，期满后解除，后 3 人逃匿。公安机关于 2015 年 4 月 1 日对该 3 人决定刑事拘留并上网追逃。左某某于 2016 年 8 月 1 日被抓获归案，段某某、夏英某分别于 2017 年 11 月 4 日、5 日主动投案。后公安机关以涉嫌重大责任事故罪分别将 3 人移送安化县人民检察院审查起诉。

安化县人民检察院经审查认为，该起事故是联营船舶长期以来严重违反相关安全管理规定危险作业造成的，左某某系联营的召集者，负责日常经营管理、调度及会计事务；段某某实际履行调度职责，且在案发当晚调度事故船只“X 号”承载业务；夏英某系事故船舶“X 号”的主要经营管理人员，3 人对事故发生均负有重要责任，均涉嫌构成重大责任事故罪，先后于 2016 年 12 月 28 日对左某某、2018 年 8 月 10 日对段某某、夏英某向安化县人民法院提起公诉。此外，对于伍某某等其他联营股东，检察机关审查后认为，其或者未参与经营、管理，或者仅负责“X号”外其他联营船舶的经营、管理，不能认定其对事故的发生负有主要责任或者直接责任，可不予追究刑事责任。

法院审理阶段，左某某及其辩护律师在庭审中，提出联营船舶风险各自承担、左某某不是管理者、联营体已于案发前几天即2012年12月4日解散等辩解。公诉人指出，尽管夏英某、段金某等股东的证言均证实左某某与夏英某于2012年12月4日在电话联系时发生争执并声称要散伙，但股东之间并未就解散进行协商；且左某某记载的联营账目上仍记载了2012年12月5日“X号”加油、修理等经营费用。因此，左某某是联营体管理者，事故发生时联营体仍处于存续状态。法院采纳了检察机关的意见。

（五）处理结果

2015年8月20日，安化县人民法院以交通肇事罪分别判处夏某某、刘某某有期徒刑四年六个月。安化县人民检察院抗诉后，益阳市中级人民法院于2015年12月21日以重大责任事故罪分别判处夏某某、刘某某有期徒刑四年六个月。判决已生效。2017年5月25日，安化县人民法院以重大责任事故罪判处左某某有期徒刑三年，左某某提起上诉，二审发回重审，该院作出相同判决，左某某再次上诉后，二审法院裁定维持原判。2018年9月19日，安化县人民法院以重大责任事故罪分别判处段某某、夏英某有期徒刑三年，缓刑五年。二人未上诉，判决已生效。

事故发生后，负有监管责任的相关国家工作人员被依法问责。安化县地方海事处原副主任刘雄某、航道股股长姜某某等6人，因负有直接安全监管责任，未认真履行职责，或在发现重大安全隐患后没有采取积极、有效的监管措施，被追究玩忽职守罪的刑事责任。安化县交通运输局原党组成员、工会主席余某某等9人分别被给予警告、严重警告、记过、撤职等党政纪处分。

| 指导意义 |

（一）准确适用交通肇事罪与重大责任事故罪。两罪均属危害公共安全犯罪,前罪违反的是"交通运输法规",后罪违反的是"有关安全管理的规定"。一般情况下,在航道、公路等公共交通领域,违反交通运输法规驾驶机动车辆或者其他交通工具,致人伤亡或者造成其他重大财产损失,构成犯罪的,应认定为交通肇事罪;在停车场、修理厂、进行农耕生产的田地等非公共交通领域,驾驶机动车辆或者其他交通工具,造成人员伤亡或者财产损失,构成犯罪的,应区分情况,分别认定为重大责任事故罪、重大劳动安全事故罪、过失致人死亡罪等罪名。需要指出的是,对于从事营运活动的交通运输组织来说,航道、公路既是公共交通领域,也是其生产经营场所,"交通运输法规"同时亦属交通运输组织的"安全管理的规定",交通运输活动的负责人、投资人、驾驶人员等违反有关规定导致在航道、公路上发生交通事故,造成人员伤亡或者财产损失的,可能同时触犯交通肇事罪与重大责任事故罪。鉴于两罪前两档法定刑均为七年以下有期徒刑(交通肇事罪有因逃逸致人死亡判处七年以上有期徒刑的第三档法定刑),要综合考虑行为人对交通运输活动是否负有安全管理职责、对事故发生是否负有直接责任、所实施行为违反的主要是交通运输法规还是其他安全管理的法规等,准确选择适用罪名。具有营运性质的交通运输活动中,行为人既违反交通运输法规,也违反其他安全管理规定(如未取得安全许可证、经营资质、不配备安全设施等),发生重大事故的,由于该类运输活动主要是一种生产经营活动,并非单纯的交通运输行为,为全面准确评价行为人的行为,一般可按照重大责任事故罪认定。交通运输活动的负责人、投资人等负有安全监管职责的人员违反有关安全管理规定,造成重大事故发生,应认定为重大责任事故罪;驾驶人员等一线运输人员违反交通运输法规造成事故发生的,应认定为交通肇事罪。

(二)准确界定因果关系,依法认定投资人、实际控制人等涉案人员及相关行政监管人员的刑事责任。危害生产安全案件往往多因一果,涉案人员较多,既有直接从事生产、作业的人员,又有投资人、实际控制人等,还可能涉及相关负有监管职责的国家工作人员。投资人、实际控制人等一般并非现场作业人员,确定其行为与事故后果之间是否存在刑法意义上的因果关系是个难点。如果投资人、实际控制人等实施了未取得经营资质和安全生产许可证、未制定安全生产管理规定或规章制度、不提供安全生产条件和必要设施等不履行安全监管职责的行为,在此情况下进行生产、作业,导致发生重大伤亡事故或者造成其他严重后果的,不论事故发生是否介入第三人违规行为或者其他因素,均不影响认定其行为与事故后果之间存在刑法上的因果关系,应当依法追究其刑事责任。对发案单位的生产、作业负有安全监管、查处等职责的国家工作人员,不履行或者不正确履行工作职责,致使发案单位违规生产、作业或者危险状态下生产、作业,发生重大安全事故的,其行为也是造成危害结果发生的重要原因,应以渎职犯罪追究其刑事责任。

|相关规定|

《中华人民共和国刑法》第一百三十三条、第一百三十四条第一款

《最高人民法院、最高人民检察院关于办理危害生产安全刑事案件适用法律若干问题的解释》第一条

《中华人民共和国安全生产法》(2009 年)第二、四、五、十六、十七、十八、四十九、五十、五十一条

《中华人民共和国内河交通安全管理条例》(2011 年)第六、九、十五、二十一、二十二条

最高人民检察院

第二十六批指导性案例

检例第98号

邓秋城、双善食品(厦门)有限公司等销售假冒注册商标的商品案

关键词　销售假冒注册商标的商品　食品安全　上下游犯罪　公益诉讼

|要旨|

办理侵犯注册商标类犯罪案件,应注意结合被告人销售假冒商品数量、扩散范围、非法获利数额及在上下游犯罪中的地位、作用等因素,综合判断犯罪行为的社会危害性,确保罪责刑相适应。在认定犯罪的主观明知时,不仅考虑被告人供述,还应综合考虑交易场所、交易时间、交易价格等客观行为,坚持主客观相一致。对侵害众多消费者利益的情形,可以建议相关社会组织或自行提起公益诉讼。

|基本案情|

被告人邓秋城,男,1981年生,广州市百益食品贸易有限公司(以下简称百益公司)负责人。

被告单位双善食品(厦门)有限公司(以下简称双善公司),住所地福建省厦门市。

被告人陈新文,男,1981年生,双善公司实际控制人。

被告人甄连连,女,1984年生,双善公司法定代表人。

被告人张泗泉,男,1984年生,双善公司销售员。

被告人甄政,男,1986年生,双善公司发货员。

2017年5月至2019年1月初,被告人邓秋城明知从香港购入的速溶咖啡为假冒"星巴克""STARBUCKS VIA"等注册商标的商品,仍伙同张晓建(在逃)以每件人民币180元这一明显低于市场价(正品每件800元,每件20盒,每盒4条)的价格,将21304件假冒速溶咖啡(每件20盒,每盒5条,下同)销售给被告单位双善公司,销售金额383万余元。被告人邓秋城、陈新文明知百益公司没有"星巴克"公司授权,为便于假冒咖啡销往商业超市,伪造了百益公司许可双善公司销售"星巴克"咖啡的授权文书。2017年12月至2019年1月初,被告人陈新文、甄连连、张泗泉、甄政以双善公司名义从邓秋城处购入假冒"星巴克"速溶咖啡后,使用伪造的授权文书,以双善公司名义将19264件假冒"星巴克"速溶咖啡销售给无锡、杭州、汕头、乌鲁木齐等全国18个省份50余家商户,销售金额共计724万余元。

案发后,公安机关在百益公司仓库内查获待售假冒"星巴克"速溶咖啡6480余件,按实际销售价格每件180元计算,价值116万余元;在被告单位双善公司仓库内查获假冒"星巴克"速溶咖啡2040件,由于双善公司向不同销售商销售的价格不同,对于尚未销售的假冒商品的货值金额以每件340元的最低销售价格计算,价值69万余元。

| 检察机关履职情况 |

审查起诉　2019年4月1日,江苏省无锡市公安局新吴分局(以下简称新吴分局)以犯罪单位双善公司、被告人陈新文、甄连连、甄政涉嫌销售假冒注册商标的商品罪向江苏省无锡市新吴区人民检察院(以下简称新吴区检察院)移送起诉。同年8月22日,新吴分局以被告人邓秋城涉嫌假冒注册商标

罪、销售假冒注册商标的商品罪移送起诉。新吴区检察院并案审查,重点开展以下工作:

一是准确认定罪名及犯罪主体。涉案咖啡系假冒注册商标的商品,是否属于有毒有害或不符合安全标准的食品,将影响案件定性,但在案证据没有关于假冒咖啡是否含有有毒有害成分、是否符合安全标准及咖啡质量的鉴定意见。鉴于该部分事实不清,检察机关要求公安机关对照 GB7101-2015《食品安全国家标准　饮料》等的规定,对扣押在案的多批次咖啡分别抽样鉴定。经鉴定,涉案咖啡符合我国食品安全标准,不构成生产、销售有毒、有害食品罪等罪名。公安机关基于被告人邓秋城销售假冒咖啡的行为,认定其涉嫌构成销售假冒注册商标的商品罪;基于在百益公司仓库内查获的假冒咖啡的制作和灌装工具,认为邓秋城亦实施了生产、制造假冒咖啡的行为,认定其同时构成假冒注册商标罪,故以涉嫌两罪移送起诉。检察机关经审查认为,现场仅有咖啡制作和罐装工具,无其他证据,且同案犯未到案,证明邓秋城实施制造假冒咖啡行为的证据不足,在案证据只能证实邓秋城将涉案假冒咖啡销售给犯罪单位双善公司,故改变邓秋城行为的定性,只认定销售假冒注册商标的商品罪一罪。检察机关还依职权主动对百益公司是否构成单位犯罪、是否需要追加起诉进行了审查,认定百益公司系邓秋城等为经营假冒咖啡于 2018 年 4 月专门设立。根据最高人民法院《关于办理单位犯罪案件具体应用法律有关问题的解释》第二条的规定,个人为进行违法犯罪活动而设立的公司、企业、事业单位实施犯罪的,不以单位犯罪论,故对百益公司的行为不应认定为单位犯罪。

二是追加认定犯罪数额。检察机关从销售单和买家证言等证据材料中发现,除公安机关移送起诉的被告人邓秋城销售金额 121 万元、犯罪单位双善公司销售金额 324 万元的事实外,邓秋城、双善公司还另有向其他客户销售大量假冒咖啡的行为。检察机关就百益公司、双善公司收取、使用货款的交易明细、公司员工聊天记录等证据退回公安机关补充侦查,公安机关补充调取了百益公司与双善公司以及邓秋城与被告人甄连连个人账户之间合计 600 万余元的转账记录、双善公司员工工作微信内涉案咖啡发货单照片 120 余份后,检察机关全面梳理核对销售单、快递单、汇款记录等证据,对邓秋城销售金额补充认定了172万余元,对双善公司销售金额补充认定了400万余元。

三是综合判断被告人主观上是否明知是假冒注册商标的商品。被告人邓秋城、陈新文、甄连连处于售假上游,有伪造并使用虚假授权文书、以明显低于市场价格进行交易的行为,应认定三人具有主观明知。在侦查阶段初期,被告人甄政否认自己明知涉案咖啡系假冒注册商标的商品,公安机关根据其他被告人供述、证人证言等证据,证实其采用夜间收发货、隐蔽包装运输等异常交易方式,认定其对售假行为具有主观明知。后甄政供认了自己的罪行,并表示愿意认罪认罚。经补充侦查,公安机关结合销售商证言,查明被告人张泗泉明知涉案咖啡被超市认定为假货被下架、退货,但仍继续销售涉案咖啡,金额达364万余元,可认定张泗泉具有主观明知。鉴于公安机关未将张泗泉一并移送,检察机关遂书面通知对张泗泉补充移送起诉。

四是综合考量量刑情节,提出量刑建议。针对销售假冒注册商标的商品罪的特点,在根据销售金额确定基准刑的前提下,充分考虑各被告人所处售假环节、假冒产品类别、销售数量、扩散范围等各项情节,在辩护人或值班律师的见证下,5名被告人均自愿认罪认罚,认可检察机关指控的全部犯罪事实和罪名,接受检察机关提出的有期徒刑一年九个月至五年不等,罚金10万元至300万元不等的量刑建议。2019年9月26日,新吴区检察院以被告人邓秋城、被告单位双善公司及陈新文、甄连连、张泗泉、甄政构成销售假冒注册商标的商品罪向江苏省无锡市新吴区人民法院(以下简称新吴区法院)提起公诉。

指控与证明犯罪　2019年11月7日,新吴区法院依法公开开庭审理本案。庭审过程中,部分辩护人提出以下辩护意见:1. 商品已销售,但仅收到部分货款,货款未收到的部分事实应当认定为犯罪未遂;2. 被告人邓秋城获利较少,且涉案重大事项均由未到案的同案犯决定,制假售假源头均来自未到案同案犯,其在全案中作用较小,在共同犯罪中起次要作用,系从犯。公诉人答辩如下:第一,根据被告单位双善公司内部销售流程,销售员已向被告人甄连连发送销售确认单,表明相关假冒商品已发至客户,销售行为已经完成,应认定为犯罪既遂,是否收到货款不影响犯罪既遂的认定。第二,邓秋城处于整个售假环节上游,在全案中地位作用突出,不应认定为从犯。首先,邓秋城实施了从香港进货、骗取报关单据、出具虚假授权书、与下家双善公司签订购销合同、收账走账等关键行为;其次,邓秋城销售金额低于双善公司,是因为其处于售假产业链的上游环节,销售单价低于下游经销商所致,但其销售数量高于双善公司。正是由于邓秋城实施伪造授权文书、提供进口报关单等行为,导致假冒咖啡得以进入大型商业超市,销售范围遍布全国,受害消费者数量众多,被侵权商标知名度高,媒体高度关注。合议庭对公诉意见和量刑建议予以采纳。

处理结果　2019 年 12 月 6 日,新吴区法院作出一审判决,以销售假冒注册商标的商品罪判处被告单位双善公司罚金 320 万元;分别判处被告人邓秋城、陈新文等五人有期徒刑一年九个月至五年不等,对被告人张泗泉、甄政适用缓刑,并对邓秋城等五人各处罚金 10 万元至 300 万元不等。判决宣告后,被告单位和被告人均未提出上诉,判决已生效。

鉴于此案侵害众多消费者合法权益,损害社会公共利益,新吴区检察院提出检察建议,建议江苏省消费者权益保护委员会(以下简称江苏消保委)对双善公司提起消费民事公益诉讼。江苏消保委依法向江苏省无锡市中级人民法院(以下简称无锡中院)提起侵害消费者权益民事公益诉讼,主张涉案金额三倍的惩罚性赔偿。无锡中院于 2020 年 9 月 18 日立案受理。

| 指导意义 |

(一)依法严惩假冒注册商标类犯罪,切实维护权利人和消费者合法权益

依法严厉惩治侵犯注册商标犯罪行为,保护权利人对注册商标的合法权益是检察机关贯彻国家知识产权战略,营造良好知识产权法治环境的重要方面。在办理侵犯注册商标犯罪案件中,检察机关应当全面强化职责担当。对于商品可能涉及危害食品药品安全、社会公共安全的,应当引导公安机关通过鉴定检验等方式就产品质量进行调查取证,查明假冒商品是否符合国家产品

安全标准,是否涉嫌构成生产、销售有毒有害食品罪等罪名。如果一行为同时触犯数个罪名,则应当按照法定刑较重的犯罪进行追诉。制假售假犯罪链条中由于层层加价销售,往往出现上游制售假冒商品数量大但销售金额小、下游销售数量小而销售金额大的现象。检察机关在提出量刑建议时,不能仅考虑犯罪金额,还要综合考虑被告人在上下游犯罪中的地位与作用、所处的制假售假环节、销售数量、扩散范围、非法获利数额、社会影响等多种因素,客观评价社会危害性,体现重点打击制假售假源头的政策导向,做到罪刑相适应,有效惩治犯罪行为。

(二)对销售假冒注册商标的商品犯罪的上下游人员,应注意结合相关证据准确认定不同环节被告人的主观明知

司法实践中,对于销售主观明知的认定,应注意审查被告人在上下游犯罪中的客观行为。对售假源头者,可以通过是否伪造授权文件等进行认定;对批发环节的经营者,可以通过进出货价格是否明显低于市场价格,以及交易场所与交易方式是否合乎常理等因素进行甄别;对终端销售人员,可以通过客户反馈是否异常等情况进行判断;对确受伪造变造文件蒙蔽或主观明知证据不足的人员,应坚持主客观相一致原则,依法不予追诉。

(三)一体发挥刑事检察和公益诉讼检察职能,维护社会公共利益

检察机关依法履职的同时,要善于发挥刑事检察和公益诉讼检察职能合力,用好检察建议等法律监督措施,以此推动解决刑事案件涉及的公共利益保护和社会治理问题。对于侵害众多消费者利益,涉案金额大,侵权行为严重的,检察机关可以建议有关社会组织提起民事公益诉讼,也可以自行提起民事公益诉讼,以维护社会公众合法权益。

|相关规定|

《中华人民共和国刑法》第二十三条、第二十六条、第二十七条、第二百一十三条、第二百一十四条

《最高人民法院、最高人民检察院关于办理侵犯知识产权刑事案件具体应用法律若干问题的解释》第九条

《最高人民法院关于审理单位犯罪案件具体应用法律有关问题的解释》第二条

检例 第99号

广州卡门实业有限公司涉嫌销售假冒注册商标的商品立案监督案

关键词　在先使用　听证　监督撤案　民营企业保护

| 要旨 |

在办理注册商标类犯罪的立案监督案件时，对符合商标法规定的正当合理使用情形而未侵犯注册商标专用权的，应依法监督公安机关撤销案件，以保护涉案企业合法权益。必要时可组织听证，增强办案透明度和监督公信力。

| 基本案情 |

申请人广州卡门实业有限公司（以下简称卡门公司），住所地广东省广州市。

2013年3月，卡门公司开始在服装上使用“KM”商标。2014年10月30日，卡门公司向原国家工商行政管理总局商标局（以下简称商标局）申请注册该商标在服装、帽子等商品上使用，商标局以该商标与在先注册的商标近似为由，驳回申请。2016年6月14日，卡门公司再次申请在服装、帽子等商品上注册“KM”商标，2017年2月14日，商标局以该商标与在先注册的商标近似为由，仅核准

"KM"商标在睡眠用眼罩类别上使用,但卡门公司继续在服装上使用"KM"商标。其间,卡门公司逐渐发展为在全国拥有门店近600家、员工近10000名的企业。

2015年11月20日,北京锦衣堂企业文化发展有限公司(以下简称锦衣堂公司)申请在服装等商品上注册"KM"商标,商标局以该商标与在先注册的商标近似为由,驳回申请。2016年11月22日,锦衣堂公司再次申请在服装等商品上使用"KM"商标。因在先注册的近似商标被撤销,商标局于2018年1月7日核准该申请。后锦衣堂公司授权北京京津联行房地产经纪有限公司(以下简称京津联行公司)使用该商标。2018年1月,京津联行公司授权周某经营的服装专卖店使用"KM"商标。2018年5月,京津联行公司向全国多地市场监管部门举报卡门公司在服装上使用"KM"商标,并以卡门公司涉嫌销售假冒注册商标的商品罪向广东省佛山市公安局南海分局(以下简称南海分局)报案。南海分局于同年5月31日立案,并随后扣押卡门公司物流仓库中约9万件标记"KM"商标的服装。

检察机关履职情况

受理立案监督　2018年5月31日,南海分局以卡门公司涉嫌销售假冒注册商标的商品罪立案侦查。6月8日,卡门公司不服公安机关立案决定,向广东省佛山市南海区人民检察院(以下简称南海区检察院)申请监督撤案。南海区检察院依法启动立案监督程序。

调查核实　南海区检察院向公安机关发出《要求说明立案理由通知书》。公安机关在《立案理由说明书》中认为,卡门公司未取得"KM"商标服装类别的商标权,且未经"KM"商标所有人锦衣堂公司许可,在服装上使用"KM"商标,情节严重,涉嫌犯罪,故立案侦查。经南海区检察院审查发现,公安机关认定卡门公司涉嫌销售假冒注册商标的商品罪存在以下问题:一是欠缺卡门公司申请过"KM"商标的相关证据;二是卡门公司与锦衣堂公司申请"KM"商标的先后时间不清晰;三是欠缺卡门公司"KM"商标的使用情况、销售金额、销售规模等证据。

针对上述问题,南海区检察院进行了调查核实:一是调取卡门公司申请商标注册的材料、“KM”商标使用情况、服装生产、销售业绩表、对外宣传材料及京津联行公司委托生产、销售“KM”服装数量和规模等证据，查明卡门公司两次申请注册“KM”商标的时间均早于锦衣堂公司，卡门公司自成立时已使用并一直沿用“KM”商标，且卡门公司在全国拥有多家门店，具有一定规模和影响力。二是主动联系佛山市南海区市场监督局、广州市工商行政管理局，了解卡门公司“KM”服装被行政扣押后又解除扣押的原因，查明广东省工商行政管理局认定卡门公司“KM”商标使用行为属于在先使用。三是两次召开听证会，邀请公安机关、行政执法部门人员及卡门公司代理律师参加听证，并听取了京津联行公司的意见，充分了解公安机关立案、扣押财物及涉案企业对立案所持异议的理由及依据，并征求行政执法部门意见。四是咨询法律专家，详细了解近似商标的判断标准、在先使用抗辩等。

监督意见　南海区检察院经审查认为，公安机关刑事立案的理由不能成立。一是卡门公司存在在先使用的事实。卡门公司在锦衣堂公司取得“KM”商标之前，已经长期使用“KM”商标。二是卡门公司主观上没有犯罪故意。卡门公司在生产、销售服装期间，一直沿用该商标，从未对外宣称是锦衣堂公司或京津联行公司产品，且卡门公司经营的“KM”服装品牌影响力远大于上述两家公司，并无假冒他人注册商标的故意。卡门公司生产、销售“KM”服装的行为不构成销售假冒注册商标的商品罪，公安机关立案错误，应予纠正。

处理结果　2018 年 8 月 3 日，南海区检察院发出《通知撤销案件书》。同年 8 月 10 日，南海分局撤销案件，并发还扣押货物。卡门公司及时出售货物，避免了上千万元经济损失。

指导意义

（一）检察机关办理侵犯知识产权犯罪案件，应注意审查是否存在法定的正当合理使用情形

办理侵犯知识产权犯罪案件，检察机关在依法惩治侵犯知识产权犯罪的

同时,还应注意保护权利人的正当权益免遭损害。其中一个重要方面是应注意审查是否存在不构成知识产权侵权的法定情形。如《商标法》第五十九条规定的商标描述性使用、在先使用,《著作权法》第二十四条规定的合理使用,第二十五条、第三十五条第二款、第四十二条第二款、第四十六条第二款规定的法定许可,《专利法》第六十七条规定的现有技术、第七十五条规定的专利先用权等正当合理使用的情形,防止不当启动刑事追诉。对于当事人提出的立案监督申请,检察机关经过审查和调查核实,认定有在先使用等正当合理使用情形,侵权事由不成立的,应依法通知公安机关撤销案件。

(二)正确把握商标在先使用的抗辩事由

商标注册人申请商标注册前,他人已经在同一种商品或者类似商品上先于商标注册人使用与注册商标相同或者近似并有一定影响的商标的,注册商标专用权人无权禁止该使用人在原使用范围内继续使用该商标,注册商标所有人仅可以要求其附加适当区别标识。判断是否存在在先使用抗辩事由,需重点审查以下方面:一是在先使用人是否在商标注册人申请注册前先于商标注册人使用该商标。二是在先使用商标是否已产生一定影响。三是在先商标使用人主观上是否善意。只有在全面审查案件证据事实的基础上综合判断商标使用的情况,才能确保立案监督依据充分、意见正确,才能说服参与诉讼的各方接受监督结果,做到案结事了。

(三)开展立案监督工作必要时可组织听证,增强办案透明度和监督公信力

听证是检察机关贯彻以人民为中心,充分尊重和保障当事人的知情权、参与权、监督权,健全完善涉检矛盾纠纷排查化解机制的有效举措。检察机关组织听证应当提前通知各方做好听证准备,整理好争议点,选取合适的听证员。听证中应围绕涉案当事人对刑事立案所持异议的理由和依据、公安机关立案

的证据和理由、行政执法部门及听证员的意见展开，重点就侵权抗辩事由是否成立、是否具有犯罪的主观故意等焦点问题进行询问，全面审查在案证据，以准确认定公安机关立案的理由是否成立。通过听证开展立案监督工作，有助于解决在事实认定、法律适用问题上的分歧，化解矛盾纠纷，既推动规范执法，又增强检察监督公信力。

| 相关规定 |

《中华人民共和国商标法》第五十九条

《中华人民共和国刑事诉讼法》第八条

《最高人民检察院关于充分履行检察职能加强产权司法保护的意见》第十二条

《人民检察院刑事诉讼规则(试行)》第五百五十二条至五百六十三条

《人民检察院审查案件听证工作规定》

检例 **第 100 号**

陈力等八人侵犯著作权案

关键词 网络侵犯视听作品著作权 未经著作权人许可 引导侦查 电子数据

|要旨|

办理网络侵犯视听作品著作权犯罪案件,应注意及时提取、固定和保全相关电子数据,并围绕客观性、合法性、关联性要求对电子数据进行全面审查。对涉及众多作品的案件,在认定“未经著作权人许可”时,应围绕涉案复制品是否系非法出版、复制发行且被告人能否提供获得著作权人许可的相关证明材料进行审查。

|基本案情|

被告人陈力,男,1984 年生,2014 年 11 月 10 日因犯侵犯著作权罪被安徽省合肥市高新技术开发区人民法院判处有期徒刑七个月,罚金人民币十五万元,2014 年 12 月 25 日刑满释放。

被告人林崟等其他 7 名被告人基本情况略。

2017 年 7 月至 2019 年 3 月，被告人陈力受境外人员委托，先后招募被告人林崟、赖冬、严杰、杨小明、黄亚胜、吴兵峰、伍健兴，组建 QQ 聊天群，更新维护“www. 131zy. net”“www. zuikzy. com”等多个盗版影视资源网站。其中，陈力负责发布任务并给群内其他成员发放报酬；林崟负责招募部分人员、培训督促其他成员完成工作任务、统计工作量等；赖冬、严杰、杨小明等人通过从正版网站下载、云盘分享等方式获取片源，通过云转码服务器进行切片、转码、增加赌博网站广告及水印、生成链接，最后将该链接复制粘贴至上述盗版影视资源网站。其间，陈力收到境外人员汇入的盗版影视资源网站运营费用共计 1250 万余元，各被告人从中获利 50 万至 1. 8 万余元不等。

案发后，公安机关从上述盗版影视网站内固定、保全了被告人陈力等人复制、上传的大量侵权影视作品，包括《流浪地球》《廉政风云》《疯狂外星人》等 2019 年春节档电影。

| 检察机关履职情况 |

审查逮捕　2019 年春节，《流浪地球》等八部春节档电影在院线期间集体遭高清盗版，盗版电影通过各种途径流入网络。上海市人民检察院第三分院（以下简称上海三分院）应公安机关邀请介入侦查，引导公安机关开展取证固证工作。一是通过调取和恢复 QQ 群聊天记录并结合各被告人到案后的供述，查明陈力团伙系共同犯罪，确定各被告人对共同实施的运营盗版影视资源网站行为的主观认知。二是联系侵权作品较为集中的美日韩等国家的著作权集体管理组织，由其出具涉案作品的版权认证文书。2019 年 4 月 8 日，公安机关对陈力团伙中的 8 名被告人提请逮捕，上海三分院依法批准逮捕。

审查起诉　2019 年 8 月 29 日，上海市公安局以被告人陈力等人涉嫌侵犯著作权罪向上海三分院移送起诉。本案涉及的大量影视作品涵盖电影、电视剧、综艺、动漫等多种类型，相关著作权人分布国内外。收集、审查是否获得权利人许可的证据存在难度。为进一步夯实证据基础，检察机关要求公安机关及时向国家广播电视总局调取“信息网络传播视听节目许可证”持证机构名单，以证实被告人陈力操纵的涉案网站均系非法提供网络视听服务的网站。

同时,要求公安机关对陈力设置的多个网站中相对固定的美日韩剧各个版块,按照从每个网站下载300部的均衡原则抽取了2425部作品,委托相关著作权认证机构出具权属证明,证实抽样作品均系未经著作权人许可的侵权作品,且陈力等网站经营者无任何著作权人许可的相关证明材料。在事实清楚、证据确实、充分的基础上,8名被告人在辩护人或值班律师的见证下均自愿认罪认罚,接受检察机关提出的有期徒刑十个月至四年六个月不等、罚金2万元至50万元不等的确定刑量刑建议,并签署了认罪认罚具结书。

2019年9月27日,上海三分院以被告人陈力等8人构成侵犯著作权罪向上海市第三中级人民法院(以下简称上海三中院)提起公诉。

指控与证明犯罪　2019年11月15日,上海三中院召开庭前会议,检察机关及辩护人就举证方式、鉴定人出庭、非法证据排除等事项达成共识,明确案件事实、证据和法律适用存在的分歧。同年11月20日,本案依法公开开庭审理。8名被告人及其辩护人对指控的罪名均无异议,但对本案非法经营数额的计算提出各自辩护意见。陈力的辩护人提出,陈力租借服务器的费用及为各被告人发放的工资应予扣除,其他辩护人提出应按照各被告人实得报酬计算非法经营数额。此外,本案辩护人均提出境外人员归案后会对各被告人产生影响,应当对各被告人适用缓刑。公诉人对此答辩:第一,通过经营盗版资源网站的方式侵犯著作权,其网站经营所得即为非法经营数额,租借服务器以及用于发放各被告人的报酬等支出系犯罪成本,不应予以扣除。公诉机关按照各被告人加入QQ群以及获取第一笔报酬的时间,认定各被告人参与犯罪的起始时间,并结合对应期间网站的整体运营情况,计算出各被告人应承担的非法经营数额,证据确实、充分。第二,本案在案证据已能充分证实各被告人实施了共同犯罪及其在犯罪中所起的作用,按照相关法律和司法解释规定,境外人员是否归案不影响各被告人的量刑。第三,本案量刑建议是根据各被告人的犯罪事实、证据、法定酌定情节、社会危害性等因素综合判定,并经各被告人具结认可,而且本案侵权作品数量多、传播范围广、经营时间长,具有特别严重情节,且被告人陈力在刑罚执行完毕后五年内又犯应当判处有期徒刑以上刑罚之罪,构成累犯,故不应适用缓刑。合议庭采纳了公诉意见和量刑建议。

处理结果　2019 年 11 月 20 日，上海三中院作出一审判决，以侵犯著作权罪分别判处被告人陈力等 8 人有期徒刑十个月至四年六个月不等，各处罚金 2 万元至 50 万元不等。判决宣告后，被告人均未提出上诉，判决已生效。

指导意义

（一）充分发挥检察职能，依法惩治网络侵犯视听作品著作权犯罪，切实维护权利人合法权益

依法保护著作权是国家知识产权战略的重要内容。检察机关坚决依法惩治侵犯著作权犯罪，尤其是注重惩治网络信息环境下的侵犯著作权犯罪。网络环境下侵犯视听作品著作权犯罪具有手段日益隐蔽、组织分工严密、地域跨度大、证据易毁损和隐匿等特点，且日益呈现高发多发态势，严重破坏网络安全与秩序，应予严惩。为准确指控和证明犯罪，检察机关在适时介入侦查、引导取证时，应注意以下方面：一是提取、固定和保全涉案网站视频链接、链接所指向的视频文件、涉案网站影视作品目录、涉案网站视频播放界面；二是固定、保全涉案网站对应的云转码服务器后台及该后台中的视频链接；三是比对确定云转码后台形成的链接与涉案网站播放的视频链接是否具有同一性；四是对犯罪过程中涉及的多个版本盗版影片，技术性地针对片头片中片尾分别进行作品的同一性对比。

（二）检察机关办理网络侵犯著作权犯罪案件，应围绕电子数据的客观性、合法性和关联性进行全面审查，依法适用认罪认罚从宽制度，提高办案质效

网络环境下侵犯著作权犯罪呈现出跨国境、跨区域以及智能化、产业化特

征,证据多表现为电子数据且难以获取。在办理此类案件时,一方面要着重围绕电子数据的客观性、合法性和关联性进行全面审查,区分不同类别的电子数据,采取有针对性的审查方法,特别要注意审查电子数据与案件事实之间的多元关联,综合运用电子数据与其他证据,准确认定案件事实。另一方面,面对网络犯罪的复杂性,检察机关要注意结合不同被告人的地位与作用,充分运用认罪认罚从宽制度,推动查明犯罪手段、共犯分工、人员关系、违法所得分配等案件事实,提高办案效率。

(三)准确把握“未经著作权人许可”的证明方法

对于涉案作品种类众多且权利人分散的案件,在认定“未经著作权人许可”时,应围绕涉案复制品是否系非法出版、复制发行,被告人能否提供获得著作权人许可的相关证明材料予以综合判断。为证明涉案网站系非法提供网络视听服务的网站,可以收集“信息网络传播视听节目许可证”持证机构名单等证据,补强对涉案复制品系非法出版、复制发行的证明。涉案侵权作品数量众多时,可进行抽样取证,但应注意审查所抽取的样本是否具有代表性、抽样范围与其他在案证据是否相符、抽样是否具备随机性等影响抽样客观性的因素。在达到追诉标准的侵权数量基础上,对抽样作品提交著作权人进行权属认证,以确认涉案作品是否均系侵权作品。

|相关规定|

《中华人民共和国刑法》第二百一十七条

《中华人民共和国著作权法》第十条

《中华人民共和国刑事诉讼法》第十五条

《音像制品管理条例》第三条

《计算机信息网络国际互联网安全保护管理办法》第五条

《最高人民法院、最高人民检察院关于办理侵犯知识产权刑事案件具体应用法律若干问题的解释》第五条、第十一条

《最高人民法院、最高人民检察院、公安部关于办理侵犯知识产权刑事案件适用法律若干问题的意见》第十一条、第十五条

《人民检察院刑事诉讼规则》第二百五十二条

检例第101号

姚常龙等五人假冒注册商标案

关键词 假冒注册商标 境内制造境外销售 共同犯罪

|要旨|

凡在我国合法注册且在有效期内的商标,商标所有人享有的商标专用权依法受我国法律保护。未经商标所有人许可,无论假冒商品是否销往境外,情节严重构成犯罪的,依法应予追诉。判断侵犯注册商标犯罪案件是否构成共同犯罪,应重点审查假冒商品生产者和销售者之间的意思联络情况、对假冒违法性的认知程度、对销售价格与正品价格差价的认知情况等因素综合判断。

|基本案情|

被告人姚常龙,男,1983年生,日照市东港区万能国际贸易有限公司(以下简称万能国际公司)法定代表人。

被告人古进,男,1989年生,万能国际公司采购员。

被告人魏子皓,男,1990年生,万能国际公司销售组长。

被告人张超,男,1990年生,万能国际公司销售组长。

被告人庄乾星，女，1989年生，万能国际公司销售组长。

2015年至2019年4月，被告人姚常龙安排被告人古进购进打印机、标签纸、光纤模块等材料，伪造“CISCO”“HP”“HUAWEI”光纤模块等商品，并安排被告人魏子皓、张超、庄乾星向境外销售。姚常龙、古进共生产、销售假冒上述注册商标的光纤模块10万余件，销售金额共计人民币3162万余元；现场扣押假冒光纤模块、交换机等11975件，价值383万余元；姚常龙、古进的违法所得数额分别为400万元、24万余元。魏子皓、张超、庄乾星销售金额分别为745万余元、429万余元、352万余元；违法所得数额分别为20万元、18.5万元和14万元。

检察机关履职情况

审查逮捕　2019年4月，山东省日照市公安局（以下简称日照市公安局）接到惠普公司报案后立案侦查。同年5月24日，山东省日照市人民检察院（以下简称日照市检察院）以涉嫌假冒注册商标罪对被告人姚常龙、古进批准逮捕；对被告人魏子皓、张超、庄乾星因无法证实犯罪故意和犯罪数额不批准逮捕，同时要求公安机关调取国外买方证言及相关书证，以查明魏子皓、张超、庄乾星是否具有共同犯罪故意及各自的犯罪数额。

审查起诉　2019年7月19日，日照市公安局补充证据后以被告人姚常龙、古进涉嫌假冒注册商标罪，被告人魏子皓、张超、庄乾星涉嫌销售假冒注册商标的商品罪，移送日照市检察院起诉。同年7月23日，日照市检察院将该案交由山东省日照市东港区人民检察院（以下简称东港区检察院）办理。

东港区检察院在审查起诉期间要求公安机关补充完善了以下证据：一是调取被告人姚常龙等5人之间的QQ聊天记录、往来电子邮件等电子数据，证实庄乾星、张超、魏子皓主观上明知销售的商品系姚常龙、古进假冒注册商标的商品，仍根据姚常龙的安排予以销售，构成无事前通谋的共同犯罪。二是调取电子合同、发货通知、订单等电子数据，结合扣押在案的销售台账及被告人供述、证人证言等证据，证实本案各被告人在共同犯罪中所起的作用大小。三是调取涉案商标的商标注册证、核准商标转让、续展注册证明等书证，证实涉案商标系在我国注册,且在有效期内。经对上述证据进行审查,东港区检察院认为,现有证据能够证实被告人庄乾星、张超、魏子皓三人在加入万能国际公司担任销售人员后,曾对公司产品的价格与正品进行对比,且收悉产品质量差的客户反馈意见,在售假过程中发现是由古进负责对问题产品更换序列号并换货等,上述证据足以证实庄乾星、张超、魏子皓三人对其销售的光纤模块系姚常龙、古进贴牌制作的假冒注册商标的商品具有主观明知。故认定该三人构成假冒注册商标罪,与姚常龙、古进构成共同犯罪。检察机关还依法对万能国际公司是否构成单位犯罪进行了审查,认定万能国际公司自 2014 年成立后截至案发,并未开展其他业务,实际以实施犯罪活动为主,相关犯罪收益也均未归属于万能国际公司。根据最高人民法院《关于办理单位犯罪案件具体应用法律有关问题的解释》第二条的规定,公司、企业、事业单位设立后,以实施犯罪为主要活动的,不以单位犯罪论处,故不构成单位犯罪。

2019 年 9 月 6 日,东港区检察院变更公安机关移送起诉的罪名,以被告人姚常龙、古进、庄乾星、张超、魏子皓均构成假冒注册商标罪向山东省日照市东港区人民法院(以下简称东港区法院)提起公诉。

指控与证明犯罪　2019 年 10 月 10 日,东港区法院依法公开开庭审理本案。庭审过程中,部分辩护人提出以下辩护意见:1. 被告人庄乾星、张超、魏子皓与被告人姚常龙不构成共同犯罪;2. 本案商品均销往境外,社会危害性较小。公诉人答辩如下:第一,庄乾星、张超、魏子皓明知自己销售的假冒注册商标的商品系姚常龙、古进贴牌生产仍继续销售,具有假冒注册商标的主观故意,构成假冒注册商标的共同犯罪。第二,本案中涉案商品均销往境外,但是被侵权商标均在我国注册登记,假冒注册商标犯罪行为发生在我国境内,无论涉案商品是否销往境外均对注册商标所有人合法权益造成侵害。合议庭对公诉意见予以采纳。

处理结果　2019 年 12 月 12 日,东港区法院作出一审判决,以假冒注册商标罪分别判处被告人姚常龙、古进、庄乾星、张超、魏子皓有期徒刑二年二个月至四年不等,对古进、庄乾星、张超、魏子皓适用缓刑。同时对姚常龙判处罚金 500 万元,对古进等四人各处罚金 14 万元至 25 万元不等。一审判决后,上述被告人均未上诉,判决已生效。

|指导意义|

(一)假冒在我国取得注册商标的商品销往境外,情节严重构成犯罪的,依法应予追诉

凡在我国合法注册且在有效期内的商标,商标所有权人享有的商标专用权依法受我国法律保护。未经注册商标所有人许可,假冒在我国注册的商标的商品,无论由境内生产销往境外,还是由境外生产销往境内,均属违反我国商标管理法律法规,侵害商标专用权,损害商品信誉,情节严重的,构成犯罪。司法实践中,要加强对跨境侵犯注册商标类犯罪的惩治,营造良好营商环境。

(二)假冒注册商标犯罪中的上下游被告人是否构成共同犯罪,应结合假冒商品生产者和销售者之间的意思联络、对违法性的认知程度、对销售价格与正品价格差价认知情况等因素综合判断

侵犯注册商标犯罪案件往往涉案人数较多,呈现团伙作案、分工有序实施犯罪的特点。实践中,对被告人客观行为表现为生产、销售等分工负责情形的,检察机关应结合假冒商品生产者和销售者之间的意思联络情况,销售者对商品生产、商标标识制作等违法性认知程度,对销售价格与正品价格差价的认知情况,销售中对客户有无刻意隐瞒、回避商品系假冒,以及销售者的从业经历等因素,综合判断是否构成共同犯罪。对于部分被告人在假冒注册商标行为持续过程中产生主观明知,形成分工负责的共同意思联络,并继续维持或者实施帮助销售行为的,应认定构成共同犯罪。

|相关规定|

《中华人民共和国刑法》第二十五条、第二十七条、第三十条、第六十四

条、第六十七条、第二百一十三条

《最高人民法院、最高人民检察院关于办理侵犯知识产权刑事案件具体应用法律若干问题的解释》第一条、第十二条、第十三条

《最高人民法院关于审理单位犯罪案件具体应用法律有关问题的解释》第二条

检例 第102号

金义盈侵犯商业秘密案

关键词 侵犯商业秘密 司法鉴定 专家辅助办案 证据链

|要旨|

办理侵犯商业秘密犯罪案件,被告人作无罪辩解的,既要注意审查商业秘密的成立及侵犯商业秘密的证据,又要依法排除被告人取得商业秘密的合法来源,形成指控犯罪的证据链。对鉴定意见的审查,必要时可聘请或指派有专门知识的人辅助办案。

|基本案情|

被告人金义盈,1981年生,案发前系温州菲涅尔光学仪器有限公司(以下简称菲涅尔公司)法定代表人、总经理。

温州明发光学科技有限公司(以下简称明发公司)成立于1993年,主要生产、销售放大镜、望远镜等光学塑料制品。明发公司自1997年开始研发超薄型平面放大镜生产技术,研发出菲涅尔放大镜("菲涅尔放大镜"系一种超薄放大镜产品的通用名称)批量生产的制作方法——耐高温抗磨专用胶板、不锈钢板、电铸镍模板三合一塑成制作方法和镍模制作方法。明发公司根据其特殊设计,将胶板、模板、液压机分别交给温州市光大橡塑制品公司、宁波市江东精杰模具加工厂、瑞安市永鑫液压机厂生产。随着生产技术的研发推进,明发公司不断调整胶板、模板、液压机的规格和功能,不断变更对供应商的要求,经过长期合作,三家供应商能够提供匹配的产品及设备。

被告人金义盈于2005年应聘到明发公司工作,双方签订劳动合同,最后一次合同约定工作期限为2009年7月16日至2011年7月16日。其间,金义盈先后担任业务员、销售部经理、副总经理,对菲涅尔超薄放大镜制作方法有一定了解,并掌握设备供销渠道、客户名单等信息。金义盈与明发公司签订有保密协议,其承担保密义务的信息包括:(1)技术信息,包括产品设计、产品图纸、生产模具、生产制造工艺、制造技术、技术数据、专利技术、科研成果等;(2)经营信息,包括商品产、供、销渠道,客户名单,买卖意向,成交或商谈的价格,商品性能、质量、数量、交货日期等。并约定劳动合同期限内、终止劳动合同后两年内及上述保密内容未被公众知悉期内,不得向第三方公开上述保密内容。

2011年初,金义盈从明发公司离职,当年3月24日以其姐夫应某甲、应某乙的名义成立菲涅尔公司,该公司2011年度浙江省地方税(费)纳税综合申报表载明金义盈为财务负责人。菲涅尔公司成立后随即向上述三家供应商购买与明发公司相同的胶板、模具和液压机等材料、设备,使用与明发公司相同的工艺生产同一种放大镜进入市场销售,造成明发公司经济损失人民币122万余元。

|检察机关履职情况|

审查起诉　2018年1月23日,浙江省温州市公安局以金义盈涉嫌侵犯商业秘密罪移送温州市人民检察院(以下简称温州市检察院)审查起诉。1月25日,温州市检察院将本案交由瑞安市人民检察院(以下简称瑞安市检察院)办理。本案被告人未作有罪供述,为进一步夯实证据基础,检察机关退回公安机关就以下事项补充侦查:金义盈是否系菲涅尔公司实际经营者,该公司生产技术的取得途径,明发公司向金义盈支付保密费情况以及金义盈到案经过等事实。

8月16日,瑞安市检察院以被告人金义盈构成侵犯商业秘密罪向浙江省瑞安市人民法院(瑞安市法院)提起公诉。

指控与证明犯罪　庭审过程中,检察机关申请两名鉴定人员出庭,辩护人申请有专门知识的人出庭,就《司法鉴定意见书》质证。被告人金义盈及辩护人提出以下辩护意见:1. 鉴定人检索策略错误、未进行技术特征比对、鉴定材料厚度未能全覆盖鉴定结论,故现有证据不足以证明明发公司掌握的菲涅尔超薄放大镜生产工艺属于"不为公众所知悉"的技术信息。2. 涉案三家供应商信息属于通过公开途径可以获取的信息,不属于商业秘密。3. 菲涅尔公司系通过正常渠道获知相关信息,其使用的生产工艺系公司股东应某甲通过向其他厂家学习、询问而得知,金义盈没有使用涉案技术、经营信息的行为及故意,并提供了8份文献证明涉案技术信息已公开。4. 保密协议仅对保密内容作了原则性规定,不具有可操作性,保密协议约定了保密津贴,但明发公司未按约向被告人金义盈发放保密津贴。

公诉人答辩如下:第一,涉案工艺具备非公知性。上海市科技咨询服务中心知识产权司法鉴定所鉴定人通过对现有专利、国内外文献以及明发公司对外宣传材料等内容进行检索、鉴定后认为,明发公司菲涅尔超薄放大镜的特殊制作工艺不能从公开渠道获取,属于"不为公众所知悉"的技术信息。该《司法鉴定意见书》系侦查机关委托具备知识产权司法鉴定资质的机构作出的,鉴定程序合法,意见明确,具有证据证明力。涉案菲涅尔超薄放大镜的制作工艺集成了多种技术,不是仅涉及产品尺寸、结构、材料、部件的简单组合,无法通过公开的产品进行直观或简单的测绘、拆卸或投入少量劳动、技术、资金便能直接轻易获得,相反,须经本领域专业技术人员进行长期研究、反复试验方能实现。故该辩护意见不能对鉴定意见形成合理怀疑。

第二,涉案供应商信息属于商业秘密。供应商、明发公司员工证言等证据证实,三家供应商提供的胶板、模具、液压机产品和设备均系明发公司技术研发过程中通过密切合作,对规格、功能逐步调整最终符合批量生产要求后固定下来的，故相关供应商供货能力的信息为明发公司独有的经营信息，具有秘密性。明发公司会计凭证、增值税专用发票以及供应商、明发公司员工证言证实，涉案加工设备、原材料供应商均系明发公司花费大量人力、时间和资金，根据明发公司生产工艺的特定要求，对所供产品及设备的规格、功能进行逐步调试、改装后选定，能够给明发公司带来成本优势，具有价值性。明发公司与员工签订的《保密协议》中明确约定了保密事项，应当认定明发公司对该供应商信息采取了合理的保护措施，具有保密性。

第三，金义盈在明发公司任职期间接触并掌握明发公司的商业秘密。明发公司员工证言等证据证实，金义盈作为公司分管销售的副总经理，因工作需要熟悉菲涅尔超薄放大镜生产制作工艺、生产过程、加工流程等技术信息，知悉生产所需的特定设备和原材料的采购信息及销售信息。

第四，金义盈使用了明发公司的商业秘密。明发公司的菲涅尔超薄放大镜制作工艺涉及多种技术，加工时的温度、压力、保压时间等工艺参数均有特定化的要求。根据鉴定意见和专家意见，金义盈使用的超薄放大镜生产工艺与明发公司菲涅尔超薄放大镜生产工艺在相关的技术秘点比对上均实质相同，能够认定金义盈使用了商业秘密。

第五，现有证据足以排除金义盈通过其他合法渠道获取或自行研发超薄放大镜生产工艺的可能。经对菲涅尔公司账册及企业营收情况进行审计，证实该公司无任何研发资金投入，公司相关人员均无超薄放大镜等同类产品经营、技术研发背景，不具有自行研发的能力和行为。金义盈辩称其技术系由其姐夫应某甲从放大镜设备厂家蔡某处习得，但经调查蔡某并未向其传授过放大镜生产技术，且蔡某本人亦不了解该技术。

第六，保密协议约定明确，被告人金义盈应当知晓其对涉案技术信息和经营信息负有保密义务。证人证言、权利人陈述以及保密协议中保密津贴与月工资同时发放的约定，能够证实明发公司支付了保密费。合议庭对公诉意见予以采纳。

处理结果　2019 年 9 月 6 日，瑞安市法院以侵犯商业秘密罪判处被告人金义盈有期徒刑一年六个月，并处罚金 70 万元。宣判后，被告人提出上诉，温州市中级人民法院裁定驳回上诉,维持原判。

|指导意义|

(一)依法惩治侵犯商业秘密犯罪,首先要准确把握商业秘密的界定

商业秘密作为企业的核心竞争力,凝聚了企业在社会活动中创造的智力成果,关系到企业生存与发展。依法保护商业秘密是国家知识产权战略的重要组成部分。检察机关依法严惩侵害商业秘密犯罪,对保护企业合法权益,营造良好营商环境,推进科技强国均有十分重要的意义。商业秘密是否成立,是认定是否构成侵犯商业秘密罪的前提条件。检察机关应着重审查以下方面:第一,涉案信息是否不为公众所知悉。注意审查涉案商业秘密是否不为其所属领域的相关人员普遍知悉和容易获得,是否属于《最高人民法院关于审理侵犯商业秘密民事案件适用法律若干问题的规定》第四条规定的已为公众所知悉的情形。第二,涉案信息是否具有商业价值。注意审查证明商业秘密形成过程中权利人投入研发成本、支付商业秘密许可费、转让费的证据;审查反映权利人实施该商业秘密获取的收益、利润、市场占有率等会计账簿、财务分析报告及其他体现商业秘密市场价值的证据。第三,权利人是否采取了相应的保密措施。注意审查权利人是否采取了《最高人民法院关于审理侵犯商业秘密民事案件适用法律若干问题的规定》第六条规定的保密措施,并注意审查该保密措施与商业秘密的商业价值、重要程度是否相适应、是否得到实际执行。

(二)对于被告人不认罪的情形,要善于运用证据规则,排除被告人合法取得商业秘密的可能性,形成指控犯罪的证据链

由于商业秘密的非公开性和犯罪手段的隐蔽性,认定被告人是否实施了

侵犯商业秘密的行为往往面临证明困境。在被告人不作有罪供述时,为查明犯罪事实,检察机关应注意引导公安机关从被告人使用的信息与权利人的商业秘密是否实质上相同、是否具有知悉和掌握权利人商业秘密的条件、有无取得和使用商业秘密的合法来源,全面客观收集证据。特别是要着重审查被告人是否存在合法取得商业秘密的情形,应注意围绕辩方提出的商业秘密系经许可、承继、自行研发、受让、反向工程等合法方式获得的辩解,引导公安机关收集被告人会计账目、支出凭证等能够证明是否有研发费用、资金投入、研发人员工资等研发成本支出的证据;收集被告人所在单位研发人员名单、研发资质能力、实施研发行为、研发过程的证据;收集有关商业秘密的转让合同、许可合同、支付转让费、许可费的证据;收集被告人是否通过公开渠道取得产品并实施反向工程对产品进行拆卸、测绘、分析的证据,以及被告人因传承、承继商业秘密的书证等证据。通过证据之间的相互印证,排除被告人获取、使用商业秘密来源合法的可能性的,可以证实其实施侵犯商业秘密的犯罪行为。

(三)应注重对鉴定意见的审查,必要时引入有专门知识的人参与案件办理

办理侵犯商业秘密犯罪案件,由于商业秘密的认定,以及是否构成对商业秘密的侵犯,往往具有较强专业性,通常需要由鉴定机构出具专门的鉴定意见。检察机关对鉴定意见应予全面细致审查,以决定是否采信。对鉴定意见的审查应注意围绕以下方面:一是审查鉴定主体的合法性,包括鉴定机构、鉴定人员是否具有鉴定资质,委托鉴定事项是否符合鉴定机构的业务范围,鉴定人员是否存在应予回避等情形;二是审查鉴定材料的客观性,包括鉴定材料是否真实、完整、充分,取得方式是否合法,是否与原始材料一致等;三是审查鉴定方法的科学性,包括鉴定方法是否符合国家标准、行业标准,方法和标准的选用是否符合相关规定。同时,要注意审查鉴定意见与其他在案证据能否相互印证,证据之间的矛盾能否得到合理解释。必要时,可聘请或指派有专门知识的人辅助审查案件,出庭公诉时可申请鉴定人及其他有专门知识的人出庭,

对鉴定意见的科学依据以及合理性、客观性发表意见，通过对技术性问题的充分质证，准确认定案件事实，加强指控和证明犯罪。

| 相关规定 |

《中华人民共和国刑法》第二百一十九条

《最高人民法院关于适用〈中华人民共和国刑事诉讼法〉的解释》第一百零五条

《最高人民检察院、公安部关于公安机关管辖的刑事案件立案追诉标准的规定(二)》第七十三条

《最高人民法院关于审理侵犯商业秘密民事案件适用法律若干问题的规定》第四条、第六条

《最高人民检察院关于指派、聘请有专门知识的人参与办案若干问题的规定(试行)》

最高人民检察院
第二十七批指导性案例

检例第103号

胡某某抢劫案

关键词 抢劫 在校学生 附条件不起诉 调整考验期

|要旨|

办理附条件不起诉案件,应当准确把握其与不起诉的界限。对于涉罪未成年在校学生附条件不起诉,应当坚持最有利于未成年人健康成长原则,找准办案、帮教与保障学业的平衡点,灵活掌握办案节奏和考察帮教方式。要阶段性评估帮教成效,根据被附条件不起诉人角色转变和个性需求,动态调整考验期限和帮教内容。

|基本案情|

被附条件不起诉人胡某某,男,作案时17周岁,高中学生。

2015年7月20日晚,胡某某到某副食品商店,谎称购买饮料,趁店主方某某不备,用网购的电击器杵方某某腰部索要钱款,致方某某轻微伤。后方某某将电击器夺下,胡某某逃跑,未劫得财物。归案后,胡某某的家长赔偿了被害人全部损失,获得谅解。

检察机关履职过程

(一)补充社会调查,依法作出不批准逮捕决定。案件提请批准逮捕后,针对公安机关移送的社会调查报告不能充分反映胡某某犯罪原因的问题,检察机关及时补充开展社会调查,查明:胡某某高一时父亲离世,为减轻经济负担,母亲和姐姐忙于工作,与胡某某沟通日渐减少。丧父打击、家庭氛围变化、缺乏关爱等多重因素导致胡某某逐渐沾染吸烟、饮酒等劣习,高二时因成绩严重下滑转学重读高一。案发前,胡某某与母亲就是否直升高三参加高考问题发生激烈冲突,母亲希望其重读高二以提高成绩,胡某某则希望直升高三报考个人感兴趣的表演类院校。在学习、家庭的双重压力下,胡某某产生了制造事端迫使母亲妥协的想法,继而实施抢劫。案发后,胡某某母亲表示愿意改进教育方式,加强监护。检察机关针对胡某某的心理问题,委托心理咨询师对其开展心理测评和心理疏导。在上述工作基础上,检察机关综合评估认为:胡某某此次犯罪主要是由于家庭变故、亲子矛盾、青春期叛逆,加之法治意识淡薄,冲动犯罪,认罪悔罪态度好,具备帮教条件,同时鉴于其赔偿了被害人损失,取得了被害人谅解,遂依法作出不批准逮捕决定。

(二)综合评估,依法适用附条件不起诉。案件审查起诉过程中,有观点认为,胡某某罪行较轻,具有未成年、犯罪未遂、坦白等情节,认罪悔罪,取得被害人谅解,其犯罪原因主要是身心不成熟,亲子矛盾处理不当,因此可直接作出不起诉决定。检察机关认真审查并听取各方面意见后认为,抢劫罪法定刑为三年有期徒刑以上刑罚,根据各种量刑情节,调节基准刑后测算胡某某可能判处有期徒刑十个月至一年,不符合犯罪情节轻微不需要判处刑罚或可以免除刑罚,直接作出不起诉决定的条件。同时,胡某某面临的学习压力短期内无法缓解,参考社会调查、心理疏导的情况,判断其亲子关系调适、不良行为矫正尚需一个过程,为保障其学业、教育管束和预防再犯,从最有利于未成年人健康成长出发,对胡某某附条件不起诉更有利于其回归社会。2016年3月11日,检察机关对胡某某作出附条件不起诉决定,考验期一年。

(三)立足帮教目标,对照负面行为清单设置所附条件,协调各方开展精准帮教。检察机关立足胡某某系在校学生的实际,围绕亲子共同需求,确立

“学业提升进步，亲子关系改善”的帮教目标，并且根据社会调查列出阻碍目标实现的负面行为清单设置所附条件，如：遵守校纪校规；不得进入娱乐场所；不得吸烟、饮酒；接受心理辅导；接受监护人监管；定期参加社区公益劳动；阅读法治书籍并提交学习心得等。在此基础上，检察机关联合学校、社区、家庭三方成立考察帮教小组，围绕所附条件，制定方案，分解任务，精准帮教。学校选派老师督促备考，关注心理动态，社区为其量身定制公益劳动项目，家庭成员接受“正面管教”家庭教育指导，改善亲子关系。检察机关立足保障学业，灵活掌握帮教的频率与方式，最大程度减少对其学习、生活的影响。组建帮教小组微信群，定期反馈与实时监督相结合，督促各方落实帮教责任，对帮教进度和成效进行跟踪考察，同时要求控制知情范围，保护胡某某隐私。针对胡某某的犯罪源于亲子矛盾这一“症结”，检察机关协同公安民警、被害人、法律援助律师、法定代理人从法、理、情三个层面真情劝诫，胡某某表示要痛改前非。

（四）阶段性评估，动态调整考验期限和帮教措施。考验期内，胡某某表现良好，参加高考并考上某影视职业学院，还积极参与公益活动。鉴于胡某某表现良好、考上大学后角色转变等情况，检察机关组织家长、学校、心理咨询师、社区召开“圆桌会议”听取各方意见。经综合评估，各方一致认为原定考验期限和帮教措施已不适应当前教育矫治需求，有必要作出调整。2016 年 9 月，检察机关决定将胡某某的考验期缩短为八个月，并对最后两个月的帮教内容进行针对性调整：开学前安排其参加企业实习，引导职业规划，开学后指导阅读法律读物，继续筑牢守法堤坝。11 月 10 日考验期届满，检察机关依法对其作出不起诉决定，并进行相关记录封存。目前，胡某某已经大学毕业，在某公司从事设计工作，心态乐观积极，家庭氛围融洽。

| 指导意义 |

（一）办理附条件不起诉案件，应当注意把握附条件不起诉与不起诉之间的界限。根据刑事诉讼法第一百七十七条第二款，检察机关对于犯罪情节轻微，依照刑法规定不需要判处刑罚或者可以免除刑罚的犯罪嫌疑人，可以决定不起诉。而附条件不起诉的适用条件是可能判处一年有期徒刑以下刑罚，符合起诉条件,但有悔罪表现的未成年犯罪嫌疑人,且只限定于涉嫌刑法分则第四章、第五章、第六章规定的犯罪。对于犯罪情节轻微符合不起诉条件的未成年犯罪嫌疑人,应依法适用不起诉,不能以附条件不起诉代替不起诉。对于未成年犯罪嫌疑人涉嫌刑法分则第四章、第五章、第六章规定的犯罪,根据犯罪情节和悔罪表现,尚未达到不需要判处刑罚或者可以免除刑罚程度,综合考虑可能判处一年有期徒刑以下刑罚,适用附条件不起诉能更好地达到矫正效果,促使其再社会化的,应依法适用附条件不起诉。

(二)对涉罪未成年在校学生适用附条件不起诉,应当最大限度减少对其学习、生活的影响。坚持最有利于未成年人健康成长原则,立足涉罪在校学生教育矫治和回归社会,应尽可能保障其正常学习和生活。在法律规定的办案期限内,检察机关可灵活掌握办案节奏和方式,利用假期和远程方式办案帮教,在心理疏导、隐私保护等方面提供充分保障,达到教育、管束和保护的有机统一。

(三)对于已确定的考验期限和考察帮教措施,经评估后认为不能适应教育矫治需求的,可以适时动态调整。对于在考验期中经历考试、升学、求职等角色转变的被附条件不起诉人,应当及时对考察帮教情况、效果进行评估,根据考察帮教的新情况和新变化,有针对性地调整考验期限和帮教措施,巩固提升帮教成效,促其早日顺利回归社会。考验期限和帮教措施在调整前,应当充分听取各方意见。

|相关规定|

《中华人民共和国刑法》第二百六十三条

《中华人民共和国刑事诉讼法》第一百七十七条、第二百七十七条、第二百七十九条、第二百八十二条、第二百八十三条、第二百八十四条

《人民检察院刑事诉讼规则》第四百六十一条、第四百六十三条、第四百七十六条、第四百八十条

《人民检察院办理未成年人刑事案件的规定》第二十九条、第四十条、第四十一条、第四十二条、第四十三条

《未成年人刑事检察工作指引(试行)》第一百九十四条

检例 第104号

庄某等人敲诈勒索案

关键词 敲诈勒索 未成年人共同犯罪 附条件不起诉 个性化附带条件 精准帮教

|要旨|

检察机关对共同犯罪的未成年人适用附条件不起诉时,应当遵循精准帮教的要求对每名涉罪未成年人设置个性化附带条件。监督考察时,要根据涉罪未成年人回归社会的不同需求,督促制定所附条件执行的具体计划,分阶段评估帮教效果,发现问题及时调整帮教方案,提升精准帮教实效。

|基本案情|

被附条件不起诉人庄某,男,作案时17周岁,初中文化,在其父的印刷厂帮工。

被附条件不起诉人顾某,女,作案时16周岁,职业高中在读。

被附条件不起诉人常某,男,作案时17周岁,职业高中在读。

被附条件不起诉人章某,女,作案时16周岁,职业高中在读。

被附条件不起诉人汪某，女，作案时17周岁，职业高中在读。

2019年6月8日，庄某因被害人焦某给其女友顾某发暧昧短信，遂与常某、章某、汪某及女友顾某共同商量向焦某索要钱财。顾某、章某、汪某先用微信把被害人约至某酒店，以顾某醉酒为由让被害人开房。进入房间后，章某和汪某借故离开，庄某和常某随即闯入，用言语威胁的手段逼迫焦某写下一万元的欠条，后实际获得五千元，用于共同观看球赛等消费。案发后，庄某等五人的家长在侦查阶段赔偿了被害人全部损失，均获得谅解。

| 检察机关履职过程 |

（一）开展补充社会调查和心理测评，找出每名未成年人需要矫正的“矫治点”，设置个性化附带条件。该案公安机关未提请批准逮捕，直接移送起诉。检察机关经审查认为，庄某等五人已涉嫌敲诈勒索罪，可能判处一年以下有期徒刑，均有悔罪表现，符合附条件不起诉条件，但前期所作社会调查不足以全面反映犯罪原因和需要矫正的关键点，故委托司法社工补充社会调查，并在征得各未成年犯罪嫌疑人及法定代理人同意后进行心理测评。经分析，五人具有法治观念淡薄、交友不当、家长失管失教等共性犯罪原因，同时各有特点：庄某因被父亲强行留在家庭小厂帮工而存在不满和抵触情绪；顾某因被过分宠溺而缺乏责任感，且沉迷网络游戏；汪某身陷网瘾；常某与单亲母亲长期关系紧张；章某因经常被父亲打骂心理创伤严重。据此，检察官和司法社工研究确定了五名未成年人具有共性特点的“矫治点”，包括认知偏差、行为偏差、不良“朋友”等，和每名未成年人个性化的“矫治点”，如庄某的不良情绪、章某的心理创伤等，据此对五人均设置共性化的附带条件：参加线上、线下法治教育以及行为认知矫正活动，记录学习感受；在司法社工指导下筛选出不良“朋友”并制定远离行动方案；参加每周一次的团体心理辅导。同时，设置个性化附带条件：庄某学习管理情绪的方法，定期参加专题心理辅导；顾某、汪某主动承担家务，定期参加公益劳动，逐渐递减网络游戏时间；常某在司法社工指导下逐步修复亲子关系；章某接受心理咨询师的创伤处理。检察机关综合考虑五名未成年人共同犯罪的事实、情节及需要矫正的问题，对五名未成年人均设置了六个月考验期,并在听取每名未成年人及法定代理人对附条件不起诉的意见时,就所附条件、考验期限等进行充分沟通、解释,要求法定代理人依法配合监督考察工作。在听取公安机关、被害人意见后,检察机关于 2019 年 10 月 9 日对五人作出附条件不起诉决定。

(二)制定具体的帮教计划并及时评估帮教效果,调整帮教方法。在监督考察期间,检察官与司法社工共同制定了督促执行所附条件的具体帮教计划:帮教初期(第 1—3 周)注重训诫教育工作,且司法社工与被附条件不起诉人及法定代理人密切接触,增强信任度;帮教中期(第 4—9 周)通过法治教育、亲子关系修复、行为偏差矫正、团体心理辅导等多措并举,提升被附条件不起诉人法律意识,促使不良行为转变;帮教后期(第 10—26 周)注重促使被附条件不起诉人逐步树立正确的人生观、价值观,自觉遵纪守法。每个阶段结束前通过心理测评、自评、他评等方式评估帮教效果,发现问题及时进行研判,调整帮教方法。比如,帮教初期发现庄某和章某对负责帮教的社工有一定的抵触情绪和回避、对抗行为,通过与司法社工机构共同评估双方信任度和匹配度后,及时更换社工。再如,针对章某在三次心理创伤处理后仍呈现易怒情绪,建议社工及时增加情绪管理能力培养的内容。又如,针对汪某远离不良“朋友”后亟需正面榜样力量引领的情况,联合团委确定大学生志愿者一对一结对引导。

(三)根据未成年人个体需求,协调借助相关社会资源提供帮助,促进回归社会。针对案发后学校打算劝退其中四人的情况,检察机关与教育局、学校沟通协调,确保四人不中断学业。根据五名被附条件不起诉人对就学就业的需求,检察机关积极协调教育部门为顾某、章某分别提供声乐、平面设计辅导,联系爱心企业为常某提供模型设计的实习机会,联系人力资源部门为庄某、汪某提供免费的职业培训,让矫治干预与正向培养双管齐下。经过六个月考察帮教,五名被附条件不起诉人逐步摒弃不良行为,法治观念、守法意识增强,良好生活学习习惯开始养成。2020 年 4 月 9 日,检察机关综合五人考察期表现,均作出不起诉决定。目前,庄某已成为某西点店烘焙师,常某在模具企业学习模型设计,顾某、章某、汪某都实现了在大专院校理想专业学习的愿望。五个家庭也有较大改变,亲子关系融洽。

| 指导意义 |

（一）附条件不起诉设定的附带条件，应根据社会调查情况合理设置，具有个性化，体现针对性。检察机关办理附条件不起诉案件，应当坚持因案而异，根据社会调查情况，针对涉罪未成年人的具体犯罪原因和回归社会的具体需求等设置附带条件。对共同犯罪未成年人既要针对其共同存在的问题，又要考虑每名涉罪未成年人的实际情况，设定符合个体特点的附带条件并制定合理的帮教计划，做到“对症下药”，确保附条件不起诉制度教育矫治功能的实现。

（二）加强沟通，争取未成年犯罪嫌疑人及其法定代理人、学校的理解、配合和支持。检察机关应当就附带条件、考验期限等与未成年犯罪嫌疑人充分沟通，使其自觉遵守并切实执行。未成年犯罪嫌疑人的法定代理人和其所在学校是参与精准帮教的重要力量，检察机关应当通过释法说理、开展家庭教育指导等工作，与各方达成共识，形成帮教合力。

（三）加强对附带条件执行效果的动态监督，实现精准帮教。检察机关对于附条件不起诉所附带条件的执行要加强全程监督、指导，掌握落实情况，动态评估帮教效果，发现问题及时调整帮教方式和措施。为保证精准帮教目标的实现，可以联合其他社会机构、组织、爱心企业等共同开展帮教工作，帮助涉罪未成年人顺利回归社会。

| 相关规定 |

《中华人民共和国刑法》第二百七十四条

《中华人民共和国刑事诉讼法》第一百七十七条、第二百八十二条、第二百八十三条、第二百八十四条、第二百八十六条

《人民检察院刑事诉讼规则》第四百六十一条、第四百七十六条、第四百八十条

《人民检察院办理未成年人刑事案件的规定》第四十二条、第四十三条

《未成年人刑事检察工作指引（试行）》第三十一条、第一百八十一条、第一百九十四条、第一百九十五条、第一百九十六条

检例 第 105 号

李某诈骗、传授犯罪方法牛某等人诈骗案

关键词 涉嫌数罪 听证 认罪认罚从宽 附条件不起诉 家庭教育指导 社会支持

|要旨|

对于一人犯数罪符合起诉条件,但根据其认罪认罚等情况,可能判处一年有期徒刑以下刑罚的,检察机关可以依法适用附条件不起诉。对于涉罪未成年人存在家庭教育缺位或者不当问题的,应当突出加强家庭教育指导,因案因人进行精准帮教。通过个案办理和法律监督,积极推进社会支持体系建设。

|基本案情|

被附条件不起诉人李某,男,作案时 16 周岁,高中学生。

被附条件不起诉人牛某,男,作案时 17 周岁,高中学生。

被附条件不起诉人黄某,男,作案时 17 周岁,高中学生。

被附条件不起诉人关某,男,作案时 16 周岁,高中学生。

被附条件不起诉人包某,男,作案时 17 周岁,高中学生。

2018年11月至2019年3月，李某利用某电商超市7天无理由退货规则，多次在某电商超市网购香皂、洗发水、方便面等日用商品，收到商品后上传虚假退货快递单号，骗取某电商超市退回购物款累计8445.53元。后李某将此犯罪方法先后传授给牛某、黄某、关某、包某，并收取1200元“传授费用”。得知这一方法的牛某、黄某、关某、包某以此方法各自骗取某电商超市15598.86元、8925.19元、6617.71元、6206.73元。

涉案五人虽不是共同犯罪，但犯罪对象和犯罪手段相同，案件之间存在关联，为便于查明案件事实和保障诉讼顺利进行，公安机关采纳检察机关建议，对五人依法并案处理。

|检察机关履职过程|

（一）适用认罪认罚从宽制度，发挥惩教结合优势。审查逮捕期间，检察机关依法分别告知五名未成年犯罪嫌疑人及其法定代理人认罪认罚从宽制度的法律规定，促其认罪认罚。五名犯罪嫌疑人均表达了认罪认罚的意愿，并主动退赃，取得了被害方某电商超市的谅解。检察机关认为五人虽利用网络实施诈骗，但并非针对不特定多数人，系普通诈骗犯罪，且主观恶性不大，犯罪情节较轻，无逮捕必要，加上五人均面临高考，因而依法作出不批准逮捕决定。审查起诉阶段，检察机关通知派驻检察院的值班律师向五人及其法定代理人提供法律帮助，并根据五人犯罪情节，认罪悔罪态度，认为符合附条件不起诉条件，提出适用附条件不起诉的意见，将帮教方案和附带条件作为具结书的内容一并签署。

（二）召开不公开听证会，依法决定附条件不起诉。司法实践中，对犯数罪可否适用附条件不起诉，因缺乏明确的法律规定而很少适用。本案中，李某虽涉嫌诈骗和传授犯罪方法两罪，但综合全案事实、社会调查情况以及犯罪后表现，依据有关量刑指导意见，李某的综合刑期应在一年以下有期徒刑，对其适用附条件不起诉制度，有利于顺利进行特殊预防、教育改造。为此，检察机关专门针对李某涉嫌数罪是否可以适用附条件不起诉召开不公开听证会，邀请了未成年犯管教干部、少年审判法官、律师、心理咨询师、公益组织负责人等担任听证员。经听证评议,听证员一致认为应对李某作附条件不起诉,以最大限度促进其改恶向善、回归正途。通过听证,李某认识到自己行为的严重性,李某父母认识到家庭教育中存在的问题,参加听证的各方面代表达成了协同帮教意向。2019 年 12 月 23 日,检察机关对李某等五人依法作出附条件不起诉决定,考验期为六个月。

(三)开展家庭教育指导,因人施策精准帮教。针对家庭责任缺位导致五人对法律缺乏认知与敬畏的共性问题,检察官会同司法社工开展了家庭教育指导,要求五人及其法定代理人在监督考察期间定期与心理咨询师沟通、与检察官和司法社工面谈,并分享法律故事、参加预防违法犯罪宣讲活动。同时,针对五人各自特点分别设置了个性化附带条件:鉴于李某父母疏于管教,亲子关系紧张,特别安排追寻家族故事、追忆成长历程以增强家庭认同感和责任感,修复家庭关系;鉴于包某性格内向无主见、极易被误导,安排其参加"您好陌生人"志愿服务队,以走上街头送爱心的方式锻炼与陌生人的沟通能力,同时对其进行"朋辈群体干扰场景模拟"小组训练,通过场景模拟,帮助其向不合理要求勇敢说"不";鉴于黄某因达不到父母所盼而缺乏自信,鼓励其发挥特长,担任禁毒教育、网络安全等普法活动主持人,使其在学习法律知识的同时,增强个人荣誉感和家庭认同感;鉴于牛某因单亲家庭而自卑,带领其参加照料空巢老人、探访留守儿童等志愿活动,通过培养同理心增强自我认同,实现"爱人以自爱";鉴于关某沉迷网络游戏挥霍消费,督促其担任家庭记账员,激发其责任意识克制网瘾,养成良好习惯。

(四)联合各类帮教资源,构建社会支持体系。案件办理过程中,引入司法社工全流程参与精准帮教。检察机关充分发挥"3+1"(检察院、未管所、社会组织和涉罪未成年人)帮教工作平台优势,并结合法治进校园"百千万工程",联合团委、妇联、教育局共同组建"手拉手法治宣讲团",要求五人及法定代理人定期参加法治教育讲座。检察机关还与辖区内广播电台、敬老院、图书馆、爱心企业签订观护帮教协议,组织五人及法定代理人接受和参与优秀传统文化教育或实践。2020 年 6 月 22 日,检察机关根据五人在附条件不起诉考察期间的表现,均作出不起诉决定。五人在随后的高考中全部考上大学。

指导意义

（一）办理未成年人犯罪案件，对于涉嫌数罪但认罪认罚，可能判处一年有期徒刑以下刑罚的，也可以适用附条件不起诉。检察机关应当根据涉罪未成年人的犯罪行为性质、情节、后果，并结合犯罪原因、犯罪前后的表现等，综合评估可能判处的刑罚。“一年有期徒刑以下刑罚”是指将犯罪嫌疑人交付审判，法院对其可能判处的刑罚。目前刑法规定的量刑幅度均是以成年人犯罪为基准设计，检察机关对涉罪未成年人刑罚的预估要充分考虑“教育、感化、挽救”的需要及其量刑方面的特殊性。对于既可以附条件不起诉也可以起诉的，应当优先适用附条件不起诉。存在数罪情形时，要全面综合考量犯罪事实、性质和情节以及认罪认罚等情况，认为并罚后其刑期仍可能为一年有期徒刑以下刑罚的，可以依法适用附条件不起诉，以充分发挥附条件不起诉制度的特殊功能，促使涉罪未成年人及早摆脱致罪因素，顺利回归社会。

（二）加强家庭教育指导，提升考察帮教效果。未成年人犯罪原因往往关联家庭，预防涉罪未成年人再犯，同样需要家长配合。检察机关在办理附条件不起诉案件中，不仅要做好对涉罪未成年人自身的考察帮教，还要通过家庭教育指导，争取家长的信任理解，引导家长转变家庭教育方式，自愿配合监督考察，及时解决问题少年背后的家庭问题，让涉罪未成年人知法悔过的同时，在重温亲情中获取自新力量，真正实现矫治教育预期目的。

（三）依托个案办理整合帮教资源，推动未成年人检察工作社会支持体系建设。检察机关办理未成年人犯罪案件，要在社会调查、人格甄别、认罪教育、不公开听证、监督考察、跟踪帮教等各个环节，及时引入司法社工、心理咨询师等各种专门力量，积极与教育、民政、团委、妇联、关工委等各方联合，依托党委、政府牵头搭建的多元化协作平台，做到专业化办案与社会化支持相结合，最大限度地实现对涉罪未成年人的教育、感化和挽救。

相关规定

《中华人民共和国刑法》第二百六十六条、第二百九十五条

《中华人民共和国刑事诉讼法》第一百七十三条、第二百七十七条、第二

百八十二条

《人民检察院刑事诉讼规则》第十八条、第四百五十七条、第四百六十三条、第四百八十条

《未成年人刑事检察工作指引(试行)》第一百七十七条、第一百八十八条

《关于适用认罪认罚从宽制度的指导意见》第十九条、第二十三条、第二十六条、第二十七条、第二十八条、第二十九条、第三十条、第三十一条

检例 第 106 号

牛某非法拘禁案

关键词 非法拘禁 共同犯罪 补充社会调查 附条件不起诉 异地考察帮教

| 要旨 |

检察机关对于公安机关移送的社会调查报告应当认真审查,报告内容不能全面反映未成年人成长经历、犯罪原因、监护教育等情况的,可以商公安机关补充调查,也可以自行或者委托其他有关组织、机构补充调查。对实施犯罪行为时系未成年人但诉讼过程中已满十八周岁的犯罪嫌疑人,符合条件的,可以适用附条件不起诉。对于外地户籍未成年犯罪嫌疑人,办案检察机关可以委托未成年人户籍所在地检察机关开展异地协作考察帮教,两地检察机关要各司其职,密切配合,确保帮教取得实效。

| 基本案情 |

被附条件不起诉人牛某,女,作案时 17 周岁,初中文化,无业。

2015 年初,牛某初中三年级辍学后打工,其间经人介绍加入某传销组织,后随该组织到某市进行传销活动。2016 年 4 月 21 日，被害人瞿某（男，成年人）被其女友卢某（另案处理）骗至该传销组织。4 月 24 日上午，瞿某在听课过程中发现自己进入的是传销组织，便要求卢某与其一同离开。乔某（传销组织负责人，到案前因意外事故死亡）得知情况后，安排牛某与卢某、孙某（另案处理）等人进行阻拦。次日上午，瞿某再次开门欲离开时，在乔某指使下，牛某积极参与对被害人瞿某实施堵门、言语威胁等行为，程某（另案处理）等人在客厅内以打牌名义进行看管。15 时许，瞿某在其被拘禁的四楼房间窗户前探身欲呼救时不慎坠至一楼，经法医鉴定，瞿某为重伤二级。

因该案系八名成年人与一名未成年人共同犯罪，公安机关进行分案办理。八名成年人除乔某已死亡外，均被提起公诉，人民法院以非法拘禁罪分别判处被告人有期徒刑一年至三年不等。

| 检察机关履职过程 |

（一）依法对牛某作出不批准逮捕决定。公安机关对未成年犯罪嫌疑人牛某提请批准逮捕后，检察机关依法讯问牛某，听取其法定代理人、辩护人及被害人的意见。经审查，检察机关认为牛某因被骗加入传销组织后，积极参与实施了非法拘禁致被害人重伤的共同犯罪行为，已构成非法拘禁罪，但在犯罪中起次要作用，且归案后供述稳定，认罪悔罪态度好，愿意尽力赔偿被害人经济损失，采取取保候审足以防止社会危险性的发生，依法对牛某作出不批准逮捕决定，并联合司法社工、家庭教育专家、心理咨询师及其法定代理人组成帮教小组，建立微信群，开展法治教育、心理疏导、就业指导等，预防其再犯。同时，商公安机关对牛某的成长经历、家庭情况、犯罪原因等进行社会调查。

（二）开展补充社会调查。案件移送起诉后，检察机关审查认为，随案移送的社会调查报告不够全面细致。为进一步查明牛某犯罪原因、犯罪后表现等情况，检察机关遂列出详细的社会调查提纲，并通过牛某户籍所在地检察机关委托当地公安机关对牛某的成长经历、犯罪原因、平时表现、社会交往、家庭监护条件、取保候审期间的表现等进行补充社会调查。调查人员通过走访牛某父母、邻居、村委会干部及打工期间的同事了解到，牛某家庭成员共五人，家庭关系融洽，母亲常年在外打工，父亲在家务农，牛某平时表现良好，服从父母管教，村委会愿意协助家庭对其开展帮教。取保候审期间，牛某在一家烧烤店打工，同事评价良好。综合上述情况，检察机关认为牛某能够被社会接纳，具备社会化帮教条件。

（三）促成与被害人和解。本案成年被告人赔偿后，被害人瞿某要求牛某赔偿五万元医药费。牛某及家人虽有赔偿意愿，但因家庭经济困难，无法一次性支付赔偿款。检察机关向被害人详细说明牛某和家人的诚意及困难，并提出先支付部分现金，剩余分期还款的赔偿方案，引导双方减少分歧。经做工作，牛某与被害人接受了检察机关的建议，牛某当面向被害人赔礼道歉，并支付现金两万元，剩余三万元承诺按月还款，两年内付清，被害人为牛某出具了谅解书。

（四）召开听证会，依法作出附条件不起诉决定。鉴于本案涉及传销，造成被害人重伤，社会关注度较高，且牛某在诉讼过程中已满十八周岁，对是否适宜作附条件不起诉存在不同认识，检察机关举行不公开听证会，牛某及其法定代理人、辩护人和侦查人员、帮教人员等参加。听证人员结合具体案情、法律规定和现场提问情况发表意见，一致赞同对牛某附条件不起诉。2018年5月16日，检察机关依法对牛某作出附条件不起诉决定。综合考虑其一贯表现和犯罪性质、情节、后果、认罪悔罪表现及尚未完全履行赔偿义务等因素，参考同案人员判决情况以及其被起诉后可能判处的刑期，确定考验期为一年。

（五）开展异地协作考察帮教。鉴于牛某及其家人请求回户籍地接受帮教，办案检察机关决定委托牛某户籍地检察机关开展异地考察帮教，并指派承办检察官专程前往牛某户籍地检察机关进行工作衔接。牛某户籍地检察机关牵头成立了由检察官、司法社工、法定代理人等组成的帮教小组，根据所附条件共同制定帮助牛某提升法律意识和辨别是非能力、树立正确消费观、提高就业技能等方面的个性化帮教方案，要求牛某按照方案内容接受当地检察机关的帮教，定期向帮教检察官汇报思想、生活状况，根据协议按时、足额将赔偿款汇到被害人账户。办案检察机关定期与当地检察机关帮教小组联系，及时掌握对牛某的考察帮教情况。牛某认真接受帮教，并提前还清赔偿款。考验期满,检察机关综合牛某表现,依法作出不起诉决定。经回访,目前牛某工作稳定,各方面表现良好,生活已经走上正轨。

| 指导意义 |

(一)办理附条件不起诉案件,应当进行社会调查,社会调查报告内容不完整的,应当补充开展社会调查。社会调查报告是检察机关认定未成年犯罪嫌疑人主观恶性大小、是否适合作附条件不起诉以及附什么样的条件、如何制定具体的帮教方案等的重要参考。社会调查报告的内容主要包括涉罪未成年人个人基本情况、家庭情况、成长经历、社会生活状况、犯罪原因、犯罪前后表现、是否具备有效监护条件、社会帮教条件等,应具有个性化和针对性。公安机关、人民检察院、人民法院办理未成年人刑事案件,根据法律规定和案件情况可以进行社会调查。公安机关侦查未成年人犯罪案件,检察机关可以商请公安机关进行社会调查。认为公安机关随案移送的社会调查报告内容不完整、不全面的,可以商请公安机关补充进行社会调查,也可以自行补充开展社会调查。

(二)对于犯罪时系未成年人但诉讼过程中已满十八周岁的犯罪嫌疑人,可以适用附条件不起诉。刑事诉讼法第二百八十二条规定,对于涉嫌刑法分则第四章、第五章、第六章规定的犯罪,可能判处一年有期徒刑以下刑罚,符合起诉条件,但有悔罪表现的未成年人刑事案件,可以作出附条件不起诉决定。未成年人刑事案件是指犯罪嫌疑人实施犯罪时系未成年人的案件。对于实施犯罪行为时未满十八周岁,但诉讼中已经成年的犯罪嫌疑人,符合适用附条件不起诉案件条件的,人民检察院可以作出附条件不起诉决定。

(三)对外地户籍未成年人,可以开展异地协作考察帮教,确保帮教效果。被附条件不起诉人户籍地或经常居住地与办案检察机关属于不同地区,被附条件不起诉人希望返回户籍地或经常居住地生活工作的,办案检察机关可以委托其户籍地或经常居住地检察机关协助进行考察帮教,户籍地或经常居住地检察机关应当予以支持。两地检察机关应当根据被附条件不起诉人的具体情况,共同制定有针对性的帮教方案并积极沟通协作。当地检察机关履行具体考察帮教职责，重点关注未成年人行踪轨迹、人际交往、思想动态等情况，定期走访被附条件不起诉人的法定代理人以及所在社区、单位，并将考察帮教情况及时反馈办案检察机关。办案检察机关应当根据考察帮教需要提供协助。考验期届满前，当地检察机关应当出具被附条件不起诉人考察帮教情况总结报告，作为办案检察机关对被附条件不起诉人是否最终作出不起诉决定的重要依据。

| 相关规定 |

《中华人民共和国刑法》第二百三十八条

《中华人民共和国刑事诉讼法》第二百七十九条、第二百八十二条、第二百八十三条、第二百八十四条

《人民检察院刑事诉讼规则》第四百六十一条、第四百六十三条、第四百九十六条

《人民检察院办理未成年人刑事案件的规定》第三十条、第三十一条、第四十条、第四十四条

《未成年人刑事检察工作指引（试行）》第二十一条、第三十条、第六十九条、第一百八十一条、第一百九十四条、第一百九十六条

检例第107号

唐某等人聚众斗殴案

关键词　聚众斗殴　违反监督管理规定　撤销附条件不起诉　提起公诉

|要旨|

对于被附条件不起诉人在考验期内多次违反监督管理规定,逃避或脱离矫治和教育,经强化帮教措施后仍无悔改表现,附条件不起诉的挽救功能无法实现,符合"违反考察机关监督管理规定,情节严重"的,应当依法撤销附条件不起诉决定,提起公诉。

|基本案情|

被附条件不起诉人唐某,男,作案时17周岁,辍学无业。

2017年3月15日,唐某与潘某(男,作案时14周岁)因琐事在电话中发生口角,相约至某广场斗殴。唐某纠集十余名未成年人,潘某纠集八名未成年人前往约架地点。上午8时许,双方所乘车辆行至某城市主干道红绿灯路口时,唐某等人下车对正在等红绿灯的潘某一方所乘两辆出租车进行拦截,对拦住的一辆车上的四人进行殴打,未造成人员伤亡。

| 检察机关履职过程 |

（一）依法适用附条件不起诉。2017年6月20日，公安机关以唐某涉嫌聚众斗殴罪将该案移送检察机关审查起诉。检察机关审查后认为：1.唐某涉嫌聚众斗殴罪，可能判处一年有期徒刑以下刑罚。唐某虽系聚众斗殴的纠集者，在上班高峰期的交通要道斗殴，但未造成严重后果，且案发时其不满十八周岁，参照最高人民法院量刑指导意见以及当地同类案件已生效判决，评估唐某可能判处有期徒刑八个月至十个月。2.唐某归案后如实供述犯罪事实，通过亲情会见、心理疏导以及看守所提供的表现良好书面证明材料，综合评估其具有悔罪表现。3.亲子关系紧张、社会交往不当是唐某涉嫌犯罪的重要原因。唐某的母亲常年外出务工，其与父母缺乏沟通交流；唐某与社会闲散人员交往过密，经常出入夜店，夜不归宿；遇事冲动、爱逞能、好面子，对斗殴行为性质及后果存在认知偏差。4.具备帮教矫治条件。心理咨询师对唐某进行心理疏导时，其明确表示认识到自己行为的危害性，不再跟以前的朋友来往，并提出想要学厨艺的强烈意愿。对其法定代理人开展家庭教育指导后，其母亲愿意返回家中履行监护职责，唐某明确表示将接受父母的管教和督促。检察机关综合唐某的犯罪情节、悔罪表现、犯罪成因及帮教条件并征求公安机关、法定代理人意见后，认定唐某符合附条件不起诉条件，于2017年7月21日依法对其作出附条件不起诉决定，考验期六个月。

（二）设置可评价考察条件，有针对性地调整强化帮教措施。检察机关成立由检察官、唐某的法定代理人和某酒店负责人组成的帮教小组，开展考察帮教工作。针对唐某的实际情况，为其提供烹饪技能培训，促其参加义务劳动和志愿者活动，要求法定代理人加强监管并禁止其出入特定场所。同时，委托专业心理咨询师对其多次开展心理疏导，对其父母开展家庭教育指导，改善亲子关系。在考验前期，唐某能够遵守各项监督管理规定，表现良好，但后期其开始无故迟到、旷工，还出入酒吧、夜店等娱乐场所。为此，检察机关及时调整强化帮教措施：第一，通过不定时电话访谈、委托公安机关不定期调取其出入网吧、住宿记录等形式监督唐某是否存在违反禁止性规定的行为，一旦发现立即训诫，并通过心理咨询师进行矫治。第二，针对唐某法定代理人监督不力的行为,重申违反考验期规定的严重后果,及时开展家庭教育指导和司法训诫。第三,安排唐某到黄河水上救援队接受先进事迹教育感化,引导其树立正确的价值观,选择具有正能量的人交往。

(三)认定违反监督管理规定情节严重,依法撤销附条件不起诉决定。因唐某自控能力较差,无法彻底阻断与社会不良人员的交往,法定代理人监管意识和监管能力不足,在经过检察机关多次训诫及心理疏导后,唐某仍擅自离开工作的酒店,并明确表示拒绝接受帮教。检察机关全面评估唐某考验期表现,认为其在考验期内,多次夜不归宿,经常在凌晨出入酒吧、夜店、KTV 等娱乐场所;与他人结伴为涉嫌寻衅滋事犯罪的人员助威;多次醉酒,上班迟到、旷工;未向检察机关和酒店负责人报告,擅自离开帮教单位,经劝说仍拒绝上班。同时,唐某的法定代理人也未如实报告唐某日常表现,在检察机关调查核实时,帮助唐某欺瞒。因此,检察机关认定唐某违反考察机关附条件不起诉的监督管理规定,情节严重。2018 年 1 月 15 日,检察机关依法撤销唐某的附条件不起诉决定。

(四)依法提起公诉,建议不适用缓刑。2018 年 1 月 17 日,检察机关以唐某涉嫌聚众斗殴罪对其提起公诉。法庭审理阶段,公诉人指出应当以聚众斗殴罪追究其刑事责任,且根据附条件不起诉考验期间调查核实的情况,认为唐某虽认罪但没有悔罪表现,且频繁出入娱乐场所,长期与社会闲散人员交往,再犯可能性较高,不适用缓刑。2018 年 3 月 16 日,法院作出一审判决,以被告人唐某犯聚众斗殴罪判处有期徒刑八个月。一审宣判后,被告人唐某未上诉。

| 指导意义 |

(一)针对被附条件不起诉人的实际表现,及时调整监督矫治措施,加大帮教力度。检察机关对干预矫治的情形和再犯风险应当进行动态评估,发现被附条件不起诉人在考验期内违反帮教协议的相关规定时,要及时分析原因,对仍有帮教可能性的,应当调整措施,通过延长帮教期限、心理疏导、司法训诫、家庭教育指导等多种措施加大帮教力度,及时矫正被附条件不起诉未成年人的行为认知偏差。

（二）准确把握“违反考察机关监督管理规定”行为频次、具体情节、有无继续考察帮教必要等因素，依法认定“情节严重”。检察机关经调查核实、动态评估后发现被附条件不起诉人多次故意违反禁止性监督管理规定，或者进入特定场所后违反治安管理规定，或者违反指示性监督管理规定，经检察机关采取训诫提醒、心理疏导等多种措施后仍无悔改表现，脱离、拒绝帮教矫治，导致通过附条件不起诉促进涉罪未成年人悔过自新、回归社会的功能无法实现时，应当认定为刑事诉讼法第二百八十四条第一款第（二）项规定的“情节严重”，依法撤销附条件不起诉决定，提起公诉。

相关规定

《中华人民共和国刑法》第二百九十二条

《中华人民共和国刑事诉讼法》第一百七十六条、第二百八十二条、第二百八十三条、第二百八十四条

《人民检察院刑事诉讼规则》第四百六十三条、第四百七十九条

《未成年人刑事检察工作指引（试行）》第一百九十四条、第一百九十五条、第一百九十六条、第二百零四条

最高人民检察院

第二十八批指导性案例

检例 第108号

江苏某银行申请执行监督案

关键词 执行案件案外人 保证责任 执行行为异议 程序指引错误 执行监督

|要旨|

质权人为实现约定债权申请执行法院解除对质物的冻结措施,向法院承诺对申请解除冻结错误造成的损失承担责任,该承诺不是对出质人债务的保证,人民法院不应裁定执行其财产。对人民法院错误裁定执行其财产的行为不服提出的异议是对执行行为的异议,对该异议裁定不服的救济途径为复议程序而非执行异议之诉。

|基本案情|

2014年7月9日,某银行与某公司签订《最高额银行承兑汇票承兑合同》,约定承兑最高限额不超过1000万元。同日,毛某芹与某银行签订《质押合同》,约定毛某芹以其名下某银行开具的2张存单共计1000万元对前述承兑合同项下借款提供质押担保,约定若主债权到期(包括提前到期)债务人未予清偿的，某银行有权实现质权；质押期限为2014年7月9日至2015年1月9日。当日，毛某芹向某银行交付上述质押存单2张并签订《权利质押清单》。某银行依约向某公司开具2张共计1000万元的承兑汇票并承兑付款，但某公司未能在票据到期日将应付票据款交存某银行。

2014年11月10日，江苏省扬中市人民法院在审理某小额贷款公司诉借款人杨某娥、连带保证人毛某芹民间借贷纠纷案中，根据某小额贷款公司的诉讼保全申请，冻结了毛某芹已质押给某银行的500万元的存单。

2015年1月7日，某银行以涉案存单到期为由向扬中市人民法院提出解除冻结的书面申请，未获批准。同年4月28日，某银行根据法院要求，出具《承诺》一份，载明："现我单位申请解除对该质押存单的冻结，若申请解除冻结的行为存在错误导致损失的，我单位提供反担保，对上述存单的申请解除冻结行为承担责任。"次日，法院解除冻结。

2015年6月8日，扬中市人民法院对某小额贷款公司诉杨某娥、毛某芹等人的民间借贷纠纷案作出判决，判令杨某娥偿还某小额贷款公司借款200万元本息，毛某芹等人共同承担连带还款责任。同年12月29日，某小额贷款公司申请强制执行。扬中市人民法院作出（2015）扬执字第1614号裁定，以某银行出具的《承诺》系自愿为毛某芹提供保证，故依据《最高人民法院关于人民法院执行工作若干问题的规定（试行）》（以下简称《执行工作若干规定》）第85条规定，裁定某银行在保证责任范围内对某小额贷款公司承担清偿责任。

某银行不服，向扬中市人民法院提出执行异议，认为其因行使质权需要，申请对涉案存单解除冻结并无过错，法院要求其承担保证责任无事实依据。扬中市人民法院于2016年3月7日作出（2016）苏1182执异5号裁定，认为某银行自愿为毛某芹提供保证，法院裁定执行其财产符合法律规定，遂裁定驳回异议，并告之如不服可在15日内向法院提起诉讼。

某银行遂根据法院指引，提起执行异议之诉，请求：确认某银行对涉案存单享有质权，其出具的《承诺》不构成保证；撤销扬中市人民法院追加其为被执行人的裁定及驳回异议裁定。2016年7月28日，扬中市人民法院认为该案应当依照审判监督程序处理,裁定驳回起诉。某银行不服提起上诉。镇江市中级人民法院认为某银行可通过普通确权诉讼另行主张质权,驳回上诉。

2016 年底,某银行按照镇江市中级人民法院的指引,以毛某芹为被告、某小额贷款公司为第三人,向扬中市人民法院提起质押合同诉讼。2017 年 11 月 14 日,该院作出(2016)苏 1182 民初 4094 号判决,确认某银行对涉案存单享有质权,其提供的《承诺》不构成对毛某芹债务的担保。某小额贷款公司不服提起上诉。2018 年 5 月 24 日,镇江市中级人民法院二审判决驳回上诉,维持原判。

| 检察机关履职情况 |

线索来源　2017 年 3 月初,某银行向扬中市人民检察院申请执行监督,主张其对毛某芹涉案存单享有质权,《承诺》不构成担保,扬中市人民法院据此追加其为被执行人违法。

调查核实　扬中市人民检察院受理某银行的监督申请后,查明以下事实:一是对涉案合同进行了审查,确认某银行对涉案存单享有质权。因某公司未能在票据到期日将应付票据款 1000 万元交存某银行,某银行有权根据《质押合同》约定对毛某芹质押的 1000 万元存单行使优先受偿权。二是本案执行期间,执行法院同时执行的另案,即毛某芹与王某龙民间借贷纠纷案的审判及执行情况。该案一审中,法院依王某龙申请冻结了毛某芹在某银行的 12 张存单共计 6400 万元,某银行同样以其对 12 张存单享有质权为由申请法院解除冻结,并向法院出具书面承诺,内容与本案《承诺》基本一致。法院解除对上述存单的冻结后,王某龙不服,先后提出执行异议和执行异议之诉,法院一审、二审、再审均认为某银行对该 12 张存单享有质权,依法享有优先受偿权,对王某龙提出的诉求未予支持。

监督意见　2017 年 3 月 14 日,扬中市人民检察院向扬中市人民法院发出检察建议书,指出某银行出具的《承诺》不构成担保法意义上的保证,法院裁定由其承担还款责任,缺乏事实依据和法律依据。法院对某银行提出的异议予以驳回且引导其提起执行异议之诉,在执行异议之诉被驳回后又告之其依照审判监督程序处理，导致某银行饱受诉累，建议法院依法纠正错误执行行为。

2017年7月28日，扬中市人民法院回函以某银行提起质权确认之诉为由，未采纳检察建议。扬中市人民检察院对该案持续跟进监督，发现在质押合同纠纷案件审理期间，法院根据某小额贷款公司的申请已强行划扣某银行260万元。在质押合同纠纷一案判决确认某银行对涉案存单享有质权，《承诺》不构成对毛某芹债务的担保后，法院亦未将划转的260万元执行回转。扬中市人民检察院遂于2018年8月1日，再次向扬中市人民法院发出检察建议，指出：某银行与毛某芹、某小额贷款公司质押合同纠纷一案已全部审理完毕，原复函中提出的“某银行正在提起质权确认之诉”的情形已不复存在，建议法院依法纠错并进行执行回转。

监督结果 2019年1月25日，扬中市人民法院向扬中市人民检察院复函称，该院作出的（2015）扬执字第1614号裁定确有错误，应予纠正，对检察建议予以采纳。该院已于2018年9月6日裁定执行回转，某小额贷款公司已将260万元执行款返还某银行。

| 指导意义 |

（一）质权人为申请解除对质物的冻结，向法院承诺对申请解除冻结错误造成的损失承担责任，不是对出质人债务的保证，法院裁定执行其财产错误。《执行工作若干规定》第85条规定，人民法院在审理案件期间，保证人为被执行人提供保证，人民法院据此解除保全措施的，案件审结后如果被执行人无财产可供执行或其财产不足清偿债务时，人民法院有权裁定执行保证人在保证责任范围内的财产。执行程序中将案外人认定为保证人，意味着直接使得生效法律文书列明的被执行人以外的人承担实体责任，对当事人权利义务将产生无法律依据的不当影响，因此关于保证责任的认定应严格遵循有关法律规定，根据当事人真实意思表示慎重审查认定。本案中，某银行作为案外人，只有在向法院明确其愿意为被执行人毛某芹的债务提供保证时，法院才可裁定执行某银行在保证责任范围内的财产。某银行出具的《承诺》虽然有“反担保”一词,但反担保是指债务人为保证人提供的担保,某银行与毛某芹并非债务人与保证人的关系,某银行也未作出为毛某芹的债务提供担保的意思表示,因此不构成反担保。《承诺》是某银行应法院要求出具,内容是愿对其申请解除冻结错误可能导致的损失承担责任,并非为毛某芹对某小额贷款公司的担保债务提供保证,因此不属于《执行工作若干规定》第 85 条规定的“保证人为被执行人提供保证”的情形,人民法院据此裁定执行某银行的财产错误。

(二)执行程序中应正确区分对执行行为的异议与对执行标的的异议,准确适用不同的法律救济途径。《中华人民共和国民事诉讼法》第二百二十五条及第二百二十七条对执行行为异议和执行标的异议规定了不同的救济途径,当事人、利害关系人对执行行为异议裁定不服的,可向上级人民法院申请复议,对执行标的异议裁定不服的,可提起执行异议之诉。本案中,某银行是对法院认定《承诺》系对毛某芹担保的债务提供保证,并据此裁定执行其财产的行为不服,属于对执行行为提出的异议,而非对执行标的提出的异议,对该异议裁定不服的救济途径为复议程序,人民法院引导其提起执行异议之诉,程序指引有误。在某银行提起执行异议之诉后,人民法院认为该案应当依照审判监督程序处理,驳回起诉亦属适用法律错误。根据《最高人民法院关于适用〈中华人民共和国民事诉讼法〉的解释》第三百一十二条规定,人民法院应当对某银行就涉案存单是否享有足以排除强制执行的民事权益进行审理,并对其提出的确权诉讼请求一并作出裁判,而不应指引其另行提起普通确权诉讼主张质权。

(三)对已经设立质权的标的物,人民法院可以采取财产保全措施,但不影响质权人的优先受偿权。根据《最高人民法院关于适用〈中华人民共和国民事诉讼法〉的解释》第一百五十七条的规定,人民法院对抵押物、质押物、留置物可以采取财产保全措施,但不影响抵押权人、质权人、留置权人的优先受偿权。某银行作为涉案存单的质权人,有权请求法院解除冻结,法院在某银行提供有关证据证明其对涉案存单享有质权的情况下,应解除对涉案存单的冻结。此时申请诉讼保全的权利人若有异议,可以向法院提出,若在执行异议程序中仍不能解决双方争议,则可提起执行异议之诉。本案法院在解除对涉案存单冻结后，诉讼保全申请人某小额贷款公司并未提出异议的情况下，裁定执行该存单财产并指引某银行提起执行异议之诉及质权确权之诉，事实上混淆了本案争议焦点，适用法律及程序指引均存在错误。

人民检察院在依法履行民事执行法律监督职责时，经调查核实，发现人民法院执行活动存在上述违反法律规定情形的，应当依法提出检察建议。对于人民法院已错误划扣的财产应当建议法院进行执行回转。

| 相关规定 |

《最高人民法院关于人民法院执行工作若干问题的规定（试行）》第 85 条

《中华人民共和国民事诉讼法》第二百二十五条、第二百二十七条、第二百三十五条

《最高人民法院关于适用〈中华人民共和国民事诉讼法〉的解释》第三百一十二条

《中华人民共和国担保法》第四条

检例第109号

湖北某房地产公司申请执行监督案

关键词 鉴定材料 评估结果明显失实 评估异议 执行人员违法 执行监督

要旨

对于民事执行监督中当事人有证据证明执行标的物评估结果失实问题，人民检察院应当依法受理并围绕影响评估结果的关键性因素进行调查核实；经过调查核实查明违法情形属实的，人民检察院应当依法监督纠正；对于发现的执行人员和相关人员违纪、违法犯罪线索应当及时移送有关单位或部门处理。

基本案情

2004年9月，某银行与某娱乐公司、某房地产公司因借款合同纠纷，向武汉仲裁委员会申请仲裁。武汉仲裁委员会裁决某娱乐公司向某银行偿还贷款本息共计3590.45万元，某银行对担保人某房地产公司抵押的财产优先受偿。裁决生效后，某银行于2004年11月向湖北省武汉市中级人民法院申请强制执行，后因某银行以当时拍卖变现抵押物会对该行造成较大损失为由，向武汉市中级人民法院申请暂缓拍卖，该院于2005年10月裁定终结本次执行程序，并向申请执行人发放债权凭证。2013年1月，某银行申请恢复执行，武汉市中级人民法院于2013年2月作出（2004）武执字第428号执行裁定，对某房地产公司唯一资产——位于武汉市硚口区某地块1.3万余平方米的土地进行为期两年的查封，并于2015年1月作出（2004）武执字第00428—1号执行裁定，对上述土地续查封一年。上述两份执行裁定均未向某房地产公司和某银行送达。2014年7月，武汉市中级人民法院委托评估机构对上述土地使用权价值进行评估，评估价为5778.57万元。某房地产公司对上述评估结果不服，提出执行异议，武汉市中级人民法院未对评估过程中是否存在程序违法进行审查，亦未交评估机构对异议内容进行复核。

2015年2月25日，涉案土地公开拍卖，某置业公司经两轮竞价，以5798.57万元的价格竞买成交。2016年6月，武汉市土地交易中心为竞买人办理变更使用权人登记时，为确定税费对涉案土地再次委托评估，确定总地价为21300.7万元。后武汉市土地交易中心与某置业公司签订《国有建设用地使用权成交确认书》。

|检察机关履职情况|

线索来源　2018年3月，某房地产公司认为本案执行行为违反法律规定，向湖北省武汉市人民检察院申请监督，主要理由是执行程序中涉案土地的容积率明显有误，土地价值严重低估。武汉市人民检察院依法受理。

调查核实　武汉市人民检察院通过调查核实查明以下事实：一是武汉市国土资源和规划局保存的原始地籍资料显示，涉案土地出让时容积率为4.16。二是武汉市中级人民法院执行人员曾于委托评估前调取该地籍资料并入卷，但委托评估时未向评估机构提供。三是本案土地价格评估时，评估人员未查实涉案土地容积率，自行依据周边情况设定容积率为2.0。四是某房地产公司及本案其他债权人曾于2014年9月和2015年2月提出执行异议，法院未予处理。五是竞买后，某置业公司变更权属登记时，武汉市国土资源和规划局硚口分局经核算确定涉案土地的容积率为4.61,并依此办理权属变更登记公示;为确定土地交易税费,武汉市土地交易中心委托三家评估机构分别进行价值评估,其中估价为21300.7万元的结果居中,该交易中心按21300.7万元的总地价确定交易税费。六是某置业公司后已在涉案土地上开发"盛世公馆"项目并销售,建设用地规划许可证载明用地面积13214.19平方米,建设规模60969.75平方米,据此计算容积率为4.61。

监督意见　武汉市人民检察院认为武汉市中级人民法院在本案执行程序中存在下列违法情形:第一,在已调取地籍资料的情况下,未将地籍资料移交给评估公司,未对委托评估资料的完整性负责,致使涉案土地评估价格5778.57万元明显低于实际市场价格;第二,未依法对某房地产公司提出的执行异议进行审查并作出处理;第三,未依法送达法律文书。2018年4月13日,武汉市人民检察院向武汉市中级人民法院发出检察建议书,建议依法纠正错误执行行为;采取有效措施,统筹解决执行纠错及某房地产公司破产问题,维护某房地产公司及其债权人的合法权益;对执行人员的失职行为按照《人民法院工作人员处分条例》的规定予以处理。另,本案在启动监督程序后,对发现的职务犯罪线索已移送有关部门。

监督结果　武汉市中级人民法院收到检察建议书后,于2018年6月6日立案审查;2018年11月8日,该院复函武汉市人民检察院,确认执行人员委托鉴定时未依法移交调取的鉴定资料,未能保证鉴定资料的充分性、完整性,导致评估价格明显低于市场价格、评估结果失实,损害被执行人合法权益,且存在其他程序违法问题;2018年12月29日,该院作出(2018)鄂01执监9号执行裁定,撤销该院对案涉地块土地使用权的网络司法拍卖;2019年1月14日,武汉市中级人民法院再次复函武汉市人民检察院,确认竞买人之间存在恶意串通的行为,严重扰乱司法拍卖秩序。

就本案造成的财产损害,某房地产公司以某置业公司为被告,提起财产损害赔偿之诉,武汉市中级人民法院已作出二审判决,判令某置业公司赔偿某房地产公司财产损失11760.09万元及相应利息;就该判决的履行,双方已达成具体的履行协议。

另，对本案移送的犯罪线索，有关部门已分别对某置业公司法定代表人翟某、某评估公司法定代表人贾某、估价师黄某等 4 人立案。经湖北省武汉市洪山区人民检察院依法提起公诉，洪山区人民法院经审理认定翟某以威胁手段，强迫他人退出拍卖，导致翟某所控制的公司拍得土地使用权的价格远低于实际价值，以翟某犯强迫交易罪，判处有期徒刑二年，缓刑二年，并处罚金二万元，判决现已生效。贾某、黄某被武汉市中级人民法院二审以提供虚假证明文件罪分别判处有期徒刑一年零三个月、一年零六个月，并处罚金。

| 指导意义 |

（一）对于可能存在的执行标的物评估结果失实的问题，人民检察院应着重围绕影响评估结果的关键性因素进行调查核实。执行标的物评估结果失实，特别是评估结果明显低于市场价格损害财产权利人利益，是执行监督中当事人反映比较集中的一类问题，尤以土地、房产和重大设备价值评估为多发领域。评估结果失实是检察机关依法履职的线索来源，人民检察院应据此重点审查是否存在违法情形导致评估结果失实，查明违法情形属实的，应当依法监督。土地作为执行标的物时，其市场价格与土地容积率、地段、周边配套等因素密切相关，人民检察院调查核实违法情形时应当重点围绕决定土地价格的密切相关因素进行。以土地容积率为例，可以查实地块出让时确定的容积率、执行人员对容积率的查明掌握情况、评估鉴定机构确定容积率的方法、权属变更登记公示时的容积率和确定土地交易税费时的容积率，遇有容积率的确定存在前后明显差异的情形，应重点查实确定容积率的方法、途径和变化因素等。

（二）查实执行活动存在违法情形的，应当予以监督纠正，对于相关人员可能存在的违纪违法和犯罪线索，应当按规定移送有关部门处理。人民检察院开展执行监督工作，对确有错误的执行案件，应当建议人民法院依法纠正；发现执行人员违纪违法的，应建议人民法院予以处理；发现涉嫌犯罪的，应当将案件线索依法移送有关单位或部门。办理涉及评估鉴定的执行监督案件时，应当注意查明人民法院委托评估鉴定是否向评估鉴定机构提供了真实、完整、充分的评估鉴定材料,是否将已掌握的相关情况全部告知评估鉴定机构,从中发现委托评估鉴定过程中是否存在违法行为。

|相关规定|

《中华人民共和国拍卖法》第三十七条

《司法鉴定程序通则》第十三条

检例 第 110 号

黑龙江何某申请执行监督案

关键词 夫妻共同债务认定 执行依据 违法追加被执行人 程序违法 跟进监督

|要旨|

执行程序应当按照生效判决等确定的执行依据进行，变更、追加被执行人应当遵循法定原则和程序，不得在法律和司法解释规定之外或者未经依法改判的情况下变更、追加被执行人。对于执行程序中违法变更、追加被执行人的，人民检察院应当依法监督。

|基本案情|

张某与何某系夫妻关系。2009 年至 2010 年，张某因销售燃煤急需资金，向魏某借款共计 35 万元，到期未偿还。魏某以张某为被告向黑龙江省铁力市人民法院提起诉讼。2012 年 2 月 27 日，铁力市人民法院作出（2011）铁民初字第 833 号民事判决，判令“被告张某于本判决发生法律效力后十五日内偿还原告魏某本金 35 万元”。张某不服一审判决，上诉至伊春市中级人民法院，二审驳回上诉、维持原判。2012 年 8 月 6 日，魏某向铁力市人民法院申请执行。2014 年 1 月 22 日，张某与何某协议离婚。

2015 年 7 月 30 日，铁力市人民法院作出(2012)铁执字 167-2 号执行裁定，以借款系夫妻共同债务为由，裁定追加何某为被执行人，并冻结何某工资。

何某向铁力市人民法院提出书面异议。2015 年 12 月 28 日，铁力市人民法院作出(2015)铁执异字第 16 号执行裁定，认为婚姻关系存续期间，夫妻一方以个人名义所负债务，除债权人与债务人明确约定为个人债务或夫妻约定婚姻关系存续期间财产归各自所有外，都应视为夫妻共同债务，裁定驳回何某的异议。何某不服该裁定，向黑龙江伊春市中级人民法院申请复议。2016 年 4 月 11 日，伊春市中级人民法院作出(2016)黑 07 执复 2 号执行裁定，驳回何某的复议申请。

| 检察机关履职情况 |

线索来源　2017 年 5 月 31 日，何某向黑龙江铁力市人民检察院申请执行监督，认为铁力市人民法院在执行程序中追加被执行人违法。铁力市人民检察院依法受理。

监督意见　2017 年 6 月 28 日，铁力市人民检察院向铁力市人民法院发出检察建议书，认为铁力市人民法院裁定追加何某为被执行人缺乏法律依据，建议纠正。7 月 26 日，铁力市人民法院复函，认为追加何某为被执行人适用法律准确，程序合法，且上级法院已作出执行异议复议裁定，故不予采纳检察建议。铁力市人民检察院提请伊春市人民检察院跟进监督。11 月 8 日，伊春市人民检察院向伊春市中级人民法院发出检察建议书，认为生效判决并未确认案涉款项为夫妻共同债务，执行环节不应直接改变执行依据，在未经法院改判的情况下不应直接将判决确认的个人债务推定为夫妻共同债务；追加何某为被执行人，既影响判决的既判力，又剥夺何某诉讼权利，使得何某未经审判程序即需承担义务，建议纠正。

监督结果　2018 年 3 月 22 日，伊春市中级人民法院作出(2018)黑 07 民监 1 号回复函，认为铁力市人民法院不应追加何某为被执行人，经该院审判委员会讨论决定，采纳伊春市人民检察院的检察建议。4 月 16 日，伊春市中级人民法院作出（2018）黑 07 执监 3 号执行裁定，撤销铁力市人民法院（2012）铁执字 167—2 号执行裁定。后铁力市人民法院解除对何某工资账户的冻结。

| 指导意义 |

（一）违法追加被执行人，人民检察院应当依法监督。审判和执行程序分工不同，当事人实体权利义务应由审判程序予以确定，执行程序通常不应直接确定当事人实体权利义务，只能依照执行依据予以执行。变更、追加被执行人应当遵循法定原则，对于法律或司法解释规定情形之外的，不能变更、追加，否则实质上剥夺了当事人的诉讼权利，属于程序违法。“未经审判程序，不得要求未举债的夫妻一方承担民事责任”的具体规定虽然是 2017 年 2 月最高人民法院在《关于依法妥善审理涉及夫妻债务案件有关问题的通知》中才明确表述的，但是，人民法院在执行程序中追加被执行人的基本原则、程序一直是确定的，这一规定只是对确定夫妻共同债务既有规则的重申。人民检察院发现执行程序中人民法院违法追加被执行人的，应当依法进行监督。

（二）办理可能涉及夫妻共同债务的案件，既要注重保护债权人的合法权利，又要注重保护未共同举债的夫妻另一方的合法权利。涉夫妻共同债务案件事关交易安全、社会诚信和家庭稳定，办理此类案件过程中，既要注意到可能存在夫妻双方恶意串通损害债权人利益的情形，也要注意到可能存在夫妻一方与债权人恶意串通损害配偶利益的情形，特别是要防止简单化地将夫妻关系存续期间发生的债务都认定为夫妻共同债务。如严格按照《民法典》第一千零六十四条的规定认定是否属于夫妻共同债务，同时要严守法定程序，保障当事人诉讼权利。如有证据证明可能存在夫妻双方恶意串通损害债权人利益的，应经由审判程序认定夫妻共同债务，而非在执行程序中直接追加夫妻另一方为被执行人。

（三）人民检察院认为人民法院对检察建议处理结果错误，可以提请上级院跟进监督。检察建议是人民检察院履行法律监督职能的重要方式。发现人民法院对人民检察院提出的检察建议未在规定的期限内作出处理并书面回复,以及对检察建议的处理结果错误的,应当按照有关规定进行监督,或者提请上级院监督。

|相关规定|

《人民检察院民事诉讼监督规则(试行)》第一百一十七条

最高人民检察院

第二十九批指导性案例

检例第111号

海南省海口市人民检察院诉海南A公司等三被告非法向海洋倾倒建筑垃圾民事公益诉讼案

关键词 民事公益诉讼 海洋倾废 联合调查 检察建议 二审出庭

|要旨|

对于海洋生态环境损害,行政机关的履职行为不能有效维护公益,又未提起生态环境损害赔偿诉讼的,检察机关可以依法提起民事公益诉讼。公益诉讼案件二审开庭,上一级人民检察院应当派员出庭,与下级检察机关共同参加法庭调查、法庭辩论、发表意见等,积极履行出庭职责。

|基本案情|

2018年,海口B公司中标美丽沙项目两地块土石方施工工程后,将土石方外运工程分包给海南A公司。陈某(A公司实际控制人)以A公司的名义申请临时码头,虚假承诺将开挖的土石方用船运到湛江市某荒地进行处置,实际上却组织人员将工程固废倾倒于海口市美丽沙海域。

丨发现线索和调查核实丨

海口市秀英区人民检察院在“12345”平台发现，群众多次举报有运泥船在美丽沙海域附近倾倒废物，随后通过多次蹲点和无人机巡查，拍摄到船舶向海洋倾倒建筑垃圾的行为。

海口市人民检察院（以下简称海口市院）检察官在前期工作基础上，2018 年 12 月 14 日与海洋行政执法人员共同出海，联合开展特定海域调查行动，在海上截获一艘已倾倒完建筑垃圾正返回临时码头的开底船。12 月 17 日，针对行政机关对相关海域多次违法倾倒建筑垃圾行为存在未依法履职问题，海口市院作出行政公益诉讼立案决定。2019 年 1 月 2 日，海口市院向海口市海洋与渔业局送达检察建议，要求查处非法倾废行为，并追究违法行为人生态环境损害赔偿责任。2019 年 5 月 16 日，海口市海洋与渔业局对 A 公司及公司实际控制人陈某各处 10 万元罚款。

检察机关调查发现，A 公司无海洋倾废许可，倾倒的海域亦非政府指定的海洋倾废区域。申请美丽沙临时码头时 A 公司声称将开挖出的建筑垃圾运往湛江市某经济合作社，但经实地调查，建筑垃圾均未被运往湛江进行处置，相关合同系伪造。陈某系 A 公司实际控制人及船舶所有人，经手办理涉案合同签订、申请码头、联系调度倾废船舶等事宜，并获取大部分违法所得。B 公司虽在招标时书面承诺外运土方绝不倾倒入海，却通过组织车辆同步运输等方式积极配合 A 公司海上倾废活动，B 公司对海洋生态环境侵害构成共同侵权，依法应当承担连带责任。

检察机关还发现，行政处罚认定的非法倾废量为 1.57 万立方米，与当事人接受调查时自报的数量一致，但该数量明显与事实不符。根据工程结算凭证等证据，检察机关查明 A 公司海洋倾废量至少为 6.9 万立方米。

经委托生态环境部华南环境科学研究所（以下简称华南所）鉴定，倾倒入海的建筑垃圾中含有镉、汞、镍、铅、砷、铜等有毒有害物质，这些有毒有害物质会进入海洋生物链，破坏海洋生态环境和资源，生态环境损害量化共计 860.064 万元。

在本案调查过程中，对可能涉嫌污染环境罪的线索，海口市院公益诉讼检察部门于2019年1月21日将其移送刑事检察部门审查。根据调查情况及鉴定意见,依据刑法第338条及有关司法解释的相关规定,海口市院刑事检察部门与公安机关刑侦部门经研究,认为现有证据不能认定该倾废行为已构成污染环境罪。

检察机关书面建议海口市自然资源和规划局(承接原海洋与渔业局相关职能)依法启动海洋生态环境损害赔偿程序,该局于2019年8月11日回函称,因正处于机构改革中,缺乏法律专业人才和诉讼经验,请求检察机关提起民事公益诉讼。

|诉讼过程|

2019年8月23日,海口市院发布诉前公告,公告期满,没有其他适格主体提起民事公益诉讼。

2019年11月,海口市院以A公司、陈某、B公司为共同被告向海口海事法院提起民事公益诉讼,请求判令:1. 被告A公司赔偿生态环境损害费860.064万元,被告陈某和B公司承担连带赔偿责任。2. 三被告在全国发行的媒体上公开赔礼道歉。3. 三被告承担本案鉴定费47.5万元及公告费。检察机关申请了财产保全,法院查封了陈某名下的房产、船舶,冻结了陈某、B公司的银行账户。

(一)一审情况

2020年3月26日,海口海事法院开庭审理此案。三被告辩称,鉴定评估在资质、取样、程序、依据等方面均存在问题,损害赔偿金量化为860.064万元与事实不符;实际海洋倾废数量没有6.9万立方米。A公司还辩称,美丽沙项目用地原系填海造地,倾倒的土方原本就来源于海洋,系清洁疏浚物,不是建筑垃圾,且鉴定和监测显示有毒有害物质均未超标,倾倒的土方对海洋无损害。陈某辩称其与A公司不存在财产混同,不应承担连带责任;涉案土方均倾倒于政府规定的海域;已被处以20万元行政罚款,不应再承担巨额赔偿。

B公司辩称,合同已明确要求A公司要合法合规处置建筑垃圾,作为发包人其不再负有任何义务;起诉认为其通过组织车辆同步运输等方式积极配合海洋倾废没有事实根据。

检察机关根据调查收集的档案、书证、询问笔录、视听资料、鉴定意见等56份证据,进行了有针对性的举证、质证和辩论。根据无人机拍摄的现场视频等证据,涉案建筑垃圾倾倒入海的地点即美丽沙海域;根据现场开挖情况、车辆运输、工程款支付等结算证据,可以证明倾倒入海的建筑垃圾量至少为6.9万立方米;检察机关依法委托的华南所是生态环境部编制的《环境损害评估推荐机构名录(第一批)》推荐的环境损害鉴定评估机构,具备水环境、土壤环境、固体废弃物处置、环境风险评估、污染损害评估等多方面专业评估资质,其出具的环境损害鉴定评估报告程序规范,量化生态环境损害赔偿金为860.064万元的结论具有专业性和科学性;倾倒入海的建筑垃圾虽未达到危险废物标准,但含有毒有害物质,已对海洋生态环境造成损害;民事赔偿与行政处罚系不同法律性质的责任形式,不能相互替代,陈某应承担的环境损害民事赔偿责任不应因受到行政处罚而免除;B公司作为建筑垃圾的直接生产单位,陈某作为A公司的实际控制人和倾废船舶的所有人,与A公司三方分工协作,相互配合,共同完成非法倾废行为,实际上是以合同分包为名,行非法倾废之实,构成共同侵权,依法应当承担连带赔偿责任。

2020年3月26日,海口海事法院当庭宣判,支持检察机关的全部诉讼请求。

(二)二审情况

三被告对一审判决不服,向海南省高级人民法院提出上诉。主要理由是:定案的关键证据即鉴定意见在资质、程序、检材取样、计算方式、依据的法律法规等方面存在重大错误;倾倒的淤泥、土方并非建筑垃圾;倾倒物未造成海洋生态环境损害;倾倒入海的建筑垃圾仅1.5万立方米等。

2020年8月13日,二审开庭审理。海南省人民检察院指派2名检察官,与海口市院检察官共同参加庭审活动。海口市院出庭检察官围绕诉讼请求及争议焦点进行了举证,以视频、数据、鉴定意见和评估报告等,证明三被告共同实施了污染海洋环境侵权行为,依法应当承担赔偿损失等民事责任。海南省人民检察院出庭检察官参加了整个庭审活动,并阐明:所倾倒对象的性质并非疏浚物,而属于建筑垃圾;案涉倾废数量认定依据准确,符合法律、司法解释的规定;鉴定意见认定倾倒垃圾对海洋生态环境造成的损害数额清楚、取样程序规范。华南所参与鉴定的专家出庭接受质询,对 30 多个问题进行了专业解答。2020 年 11 月 23 日,海南省高级人民法院作出二审判决,驳回上诉,维持原判。

|指导意义|

(一)检察机关应加强海洋生态环境检察公益诉讼与生态环境损害赔偿制度的衔接,切实维护公共利益。对于海洋生态环境保护,行政机关担负着第一顺位职责,生态损害赔偿制度具有优先适用性,公益诉讼检察则具有补充性和兜底性。海洋监管部门虽然对违法行为人进行了行政处罚,但未能完全实现维护公益的目的,经书面建议和督促后又不提起生态环境损害赔偿诉讼的,检察机关可以不再继续通过行政公益诉讼督促行政机关履职而直接对违法行为人依法提起民事公益诉讼,切实发挥保护海洋生态环境、维护社会公共利益的职能作用。

(二)综合运用各类调查手段,查明公益损害的事实,确定公益损害赔偿数额。检察机关可利用无人机等科技手段充分履行调查职能,全面查明海洋污染情况。鉴于海洋调查取证的特殊性,在前期必要工作基础上,还可以与行政机关联合调查,完成特定现场取证。针对海洋生态损害后果,检察机关应委托有资质的专业鉴定机构出具鉴定评估意见,可通过召开专家论证会等形式进行审查论证,同时协调做好鉴定人出庭作证、应对提问和质询等工作,使鉴定意见经得起庭审考验。

(三)注意发挥上级检察机关派员二审出庭作用,形成维护公共利益的合力。根据最高人民法院、最高人民检察院《关于检察公益诉讼案件适用法律若干问题的解释》，人民法院审理第二审案件，由提起公益诉讼的人民检察院派员出庭，上一级人民检察院也可以派员参加。人民检察院办理公益诉讼案件的任务是充分发挥法律监督职能作用，维护宪法法律权威，维护社会公平正义，维护国家利益和社会公共利益。对于公益诉讼二审案件，原起诉检察院和上级检察院都应立足于法律监督职能和公益诉讼任务，全力以赴，认真履行法定职责，共同做好出庭工作。上级检察院应当指派检察官在全面阅卷审查和熟悉案情的基础上做好各种预案，与下级检察院的检察官共同出席二审庭审全过程。两级院出庭检察官应当加强协调配合，上级检察院出庭人员可以在庭审的各个阶段发表意见，与下级检察院出庭人员形成合力，从而取得良好的庭审效果。

| 相关规定 |

《中华人民共和国民事诉讼法》第五十五条第二款

《中华人民共和国海洋环境保护法》第四条、第八十九条

《中华人民共和国侵权责任法》第八条、第十五条、第六十五条

《最高人民法院、最高人民检察院关于检察公益诉讼案件适用法律若干问题的规定》第十一条、第十三条

《最高人民法院关于审理海洋自然资源与生态环境损害赔偿纠纷案件若干问题的规定》第七条

《最高人民法院关于审理环境民事公益诉讼案件适用法律若干问题的解释》第十八条、第二十二条

《中华人民共和国海洋倾废管理条例》第六条

检例第112号

江苏省睢宁县人民检察院督促处置危险废物行政公益诉讼案

关键词 行政公益诉讼 刑事附带民事公益诉讼 危险废物污染代处置

|要旨|

对犯罪行为造成的持续污染,检察机关可综合运用刑事检察和公益诉讼检察职能,对损害国家利益和社会公共利益的情形进行全方位监督。公安机关调查取证完成后,犯罪嫌疑人无力处置污染物,行政机关又不履行代处置义务的,检察机关应当督促其依法履职。

|基本案情|

2017年10月,冯某某等将从浙江舟山市嘉达清舱有限公司(以下简称嘉达公司)非法收购的船舶清舱油泥,运输至江苏省睢宁县岚山镇境内,非法倾倒过程中被公安机关现场查获,清理出油泥及污染物共计135吨。徐州市睢宁生态环境局(原睢宁县环境保护局)将油泥转移至一停车场内,其中71吨用塑料桶贮存、64吨临时放置货车上。经江苏省环境科学研究院鉴定，涉案油泥属于《国家危险废物名录》(2016年版)中的“废矿物油与含矿物油废物”，其中所含甲苯、四氯乙烯、四氯化碳等成分均超过《危险废物鉴别标准 浸出毒性鉴别》(GB 5085.3-2007)相应标准值，系具有毒性和易燃性的危险废物。

根据当地集中管辖规定，睢宁县公安局2018年5月将刑事案件移送徐州铁路运输检察院审查起诉。徐州铁路运输检察院于7月23日就刑事部分向徐州铁路运输法院提起公诉，并于9月18日提起刑事附带民事公益诉讼。2019年8月8日，徐州铁路运输法院作出刑事附带民事公益诉讼判决书，支持检察机关全部诉讼请求，判令冯某某等人赔偿尚未倾倒的64吨油泥需要支出的应急处置费545166元、135吨油泥混合物处置费用931665.8元。同时，冯某某等五人分别被判处有期徒刑六年至一年八个月不等刑罚，嘉达公司被判处罚金五十万元。各被告均未提出上诉，并主动支付相关处置费用。

2019年4月17日，在刑事附带民事公益诉讼案件审理期间，鉴于本案刑事诉讼证据已经固定，涉案油泥在未按规定进行专业技术封存的情况下存放长达18个月，持续造成环境污染，睢宁县人民检察院(以下简称睢宁县院)会同法院、公安、生态环境局等部门召开油泥处置协调会并形成会议纪要，鉴于污染者处于刑事羁押状态，检察机关已经通过刑事附带民事公益诉讼要求判令其承担环境修复费用，为避免污染持续发生，依据《固体废物污染环境防治法》《行政强制法》相关规定，应由环境主管部门组织对污染物代为处置。但会后，生态环境局仍未依法履职。

|调查核实和督促履职|

针对生态环境局怠于履职情形，睢宁县院于2019年5月22日以行政公益诉讼案件立案，并多次到油泥存放现场调查取证，向公安机关核实相关情况，通过拍照、录像、询问证人等方式固定现场证据。经现场勘查，贮存油泥的塑料桶未采取专业技术封存，现场未设置危险废物识别标识，亦未采取防扬散、流失、渗漏或者其他防止污染环境的措施，油泥持续挥发并部分渗漏，对周边空气、土壤造成二次污染。

2019 年 5 月 27 日,睢宁县院向生态环境局发出诉前检察建议,督促该局依法履行环境监管职责。2019 年 7 月 2 日,该局书面回复称,其没有处置固体废物的职责,且油泥作为刑事案件证据,不能在办案过程中处置。

对此,睢宁县院再次向公安机关核实涉案污染物最新情况,并到油泥堆放现场跟进调查,证实油泥处置不影响刑事案件办理;检察建议发出后,生态环境局始终未履行代处置职责。因值梅雨季节,油泥渗漏、流淌情形加重,生态环境仍持续受到侵害。

|诉讼过程|

2019 年 7 月 16 日,睢宁县院以徐州市睢宁生态环境局为被告,向徐州铁路运输法院提起行政公益诉讼。2019 年 8 月 14 日,徐州铁路运输法院公开开庭审理本案。

(一)法庭调查

出庭检察人员宣读起诉书,请求:1.确认被告对涉案危险废物贮存状况不履行监管职责的行为违法;2.判令被告依法履行监管职责,尽快将涉案危险废物移交有处置资质的单位依法处置。

睢宁县生态环境局辩称:油泥作为刑事案件的重要物证,暂不能处置。该局已联系有资质单位落实处置工作,并当庭出示了向公安机关移送涉嫌犯罪线索的卷宗等证据。

在法庭举证、质证阶段,睢宁县院围绕生态环境局在危废处置上的法定职责、权限、法律依据,以及由于该局不依法履行职责致使公共利益受到侵害等情况向法庭出示了相关证据。

(二)法庭辩论

出庭检察人员发表辩论意见认为:一是根据《环境保护法》《固体废物污

染环境防治法》等法律规定，被告人因刑事犯罪被羁押而无法处置危险废物，生态环境局应当依法履行代处置职责。二是生态环境局不依法履职，致使部分油泥渗漏、流淌，造成周边空气、土壤严重污染，侵害了社会公共利益。

生态环境局辩称：一是该局已对油泥进行鉴定，并移交公安机关立案侦查；二是该局履行了油泥贮存的监管职责，符合危险废物转移、贮存的规范化标准；三是油泥系刑事案件的重要物证，该局多次征求公安机关意见，公安机关认为案件未结，油泥不能处置。

针对答辩意见，睢宁县院认为，生态环境局虽然在案发之初将犯罪线索移交，但在明知油泥系危险废物的情况下，未及时将油泥委托有危险品保管资质的公司贮存，且未采取有效的防扬散、流失、渗漏等措施，而是任其长期露天放置。公安机关出具的《情况说明》证实生态环境局并未与其联系处置油泥事宜，且在油泥处置协调会明确生态环境局的处置职责后，亦未及时履职。

（三）审理结果

2019年11月15日，徐州铁路运输法院作出行政公益诉讼判决，支持了检察机关的起诉意见。生态环境局未上诉，判决生效。

庭审后，生态环境局在网上发布采购公示、中标公告，确定了危废处置公司。在生态环境局的监督下，该公司对涉案油泥及部分受污染的土壤进行了无害化处置，对涉案现场进行了规范化处置。检察机关对上述过程进行了全程监督。

| 指导意义 |

（一）检察机关可以在办理环境污染犯罪案件中，综合运用刑事诉讼、民事公益诉讼职能，同时追究环境污染者的刑事责任和环境损害赔偿责任。依据最高人民法院、最高人民检察院《关于检察公益诉讼案件适用法律若干问题的解释》规定，人民检察院对破坏生态环境和资源保护等损害社会公共利益的犯罪行为提起刑事公诉时，可以向人民法院一并提起附带民事公益诉讼，由人民法院同一审判组织审理。检察机关可以依据相关规定,诉请判令违法行为人承担生态环境损害赔偿责任,包括污染物处置费用、生态环境修复费用等。检察机关要注重加强刑事检察与公益诉讼检察职能的衔接和协同,形成惩治不法行为、修复生态环境的合力。

(二)违法行为人对造成的环境污染拒绝履行或者没有能力履行环境修复义务,导致环境污染持续发生,损害国家利益或者社会公共利益的,检察机关可以通过行政公益诉讼督促污染物所在地的环境主管部门履行代处置职责。《环境保护法》规定,县级以上地方人民政府环境保护主管部门对本行政区域环境保护工作实施统一监督管理。违法行为人跨区域倾倒危险废物,危险废物倾倒地的环境主管部门对本行政区域内的环境污染具有监督管理职责。违法行为人拒绝履行或者没有能力履行环境修复义务的,检察机关可以依据《固体废物污染环境防治法》《行政强制法》相关规定,督促危险废物倾倒地的环境主管部门代为处置。

(三)针对行政执法与刑事司法衔接中涉案物品不及时处置可能导致公益受损的情况,检察机关可以通过公益诉讼程序督促行政机关及时进行处置。依据环境保护部、公安部、最高人民检察院《环境保护行政执法与刑事司法衔接工作办法》的规定,对具有危险性或者环境危害性的涉案物品,环境执法机关和刑事司法机关应当加强衔接、及时处置。针对实践中行政执法与刑事司法衔接中涉案物品危害环境的情形,刑事证据固定后,即应开展对受损环境的修复工作,行政机关以处置对象系涉案证物或者刑事案件未结为由拒绝组织对具有环境危害性的涉案物品代为处置,导致国家利益或者社会公共利益受损的,检察机关应当开展公益诉讼监督,及时维护公共利益,充分发挥检察公益诉讼的独特价值。

|相关规定|

《中华人民共和国行政诉讼法》第二十五条第四款

《中华人民共和国环境保护法》第十条

《中华人民共和国固体废物污染环境防治法(2016)》第十条第二款、第十

七条第一款、第五十二条、第五十五条、第六十八条

《中华人民共和国固体废物污染环境防治法(2020)》第九条第二款、第二十条第一款、第七十七条、第八十一条第三款、第一百一十三条

《中华人民共和国行政强制法》第五十条

《最高人民法院、最高人民检察院关于检察公益诉讼案件适用法律若干问题的解释》第二十一条

《危险废物经营许可证管理办法》第四条、第五条、第十七条。

《环境保护行政执法与刑事司法衔接工作办法》第十条第二款

检例第113号

河南省人民检察院郑州铁路运输分院督促整治违建塘坝危害高铁运营安全行政公益诉讼案

关键词 行政公益诉讼 高铁运营安全 侵害危险 跨区划管辖

|要旨|

对于高铁运营安全存在的重大安全隐患,行政机关未依法履职的,检察机关可以开展行政公益诉讼。对于跨行政区划的公益诉讼案件,可以指定铁路运输检察机关管辖。涉及多级、多地人民政府及其职能部门职责的,对具有统筹协调职责的上级人民政府发出检察建议。

|基本案情|

2016年2月以来,三门峡市陕州区菜园乡、湖滨区交口乡部分村民在郑州到西安高速铁路(以下简称"郑西高铁")南交口大桥桥梁南北两侧距桥墩不足100米处,分别修路筑坝、填土造田,造成桥梁南侧(上游)塘坝内蓄水约1万立方米,存在汛期溃坝冲击桥梁的风险;北侧(下游)形成堰塞湖,浸泡高铁桥墩，造成高铁运营重大安全隐患。经河南省防汛抗旱指挥部协调，三门峡市相关部门采取了开挖排洪渠、人工抽水等临时性解决措施，但仍未根本解决高铁桥梁防洪安全隐患问题。

|调查核实和督促履职|

2017年3月至12月，最高人民检察院组织开展推动解决铁路线下安全隐患专项活动。河南省人民检察院郑州市铁路运输分院（以下简称“郑州铁检分院”）发现该重大公共安全隐患线索，向河南省人民检察院汇报相关情况。2018年1月8日，河南省人民检察院指定郑州铁检分院管辖该案。

郑州铁检分院经现场勘验，调取行政机关监管职责及执法情况的证据材料，询问铁路安全监管部门、铁路企业、沿线村民等相关人员，查明违建塘坝、堰塞湖浸泡高铁桥墩，造成高铁运营重大安全隐患的事实。根据《中华人民共和国铁路安全法》《铁路安全管理条例》等规定，研判当地政府及其有关部门负有的监管职责和实际履职情况。郑州铁检分院认为：三门峡市陕州区、湖滨区人民政府和市区两级水利、国土、安全生产等相关职能部门未依法全面履行安全生产监督管理、防洪和保障铁路安全职责，造成高铁运营重大安全隐患，国家和社会公共利益受到严重威胁。三门峡市人民政府具有保障铁路安全职责，由其对下属两个区人民政府和相关职能部门进行统筹调度，更有利于高效解决问题。

2018年3月7日，郑州铁检分院依法向三门峡市人民政府发出行政公益诉讼诉前检察建议：一是督促行政主管部门、国土资源主管部门和安全生产监督管理部门全面履行法定职责，对上下游填土筑坝、修建影响高铁桥梁安全设施的行为依法进行处罚。二是制定符合铁路安全标准的根本性整治方案，消除高铁运营安全隐患。

检察建议发出后，三门峡市人民政府对下属两个区级政府、多个职能部门进行统筹调度，由三门峡市委政法委、市水利局等部门组成专项整治工作组，市财政拨付资金240余万元用于南交口大桥上下游堰塞湖除险工程。市政府对该工程“统一设计方案、统一组织施工、统一督导检查、统一资金使用”，委托专业公司进行勘测设计,并邀请专家对设计方案进行评审,铁路安全监督管理部门审核后全面组织施工。2018 年汛期前,堰塞湖除险工程如期完成。

2018 年 6 月 14 日,受三门峡市人民政府邀请,河南省人民检察院、郑州铁检分院及郑西铁路客运专线有限公司、中国铁路郑州局集团有限公司、武汉铁路监督管理局等相关部门到现场查看、验收,一致认为南交口大桥上下游堰塞湖除险工程施工质量良好,能够满足排洪泄洪条件,危及郑西高铁运营安全的重大风险得到排除。

|指导意义|

(一)高铁运营安全是安全生产领域的重要组成部分,事关国家利益和社会公共利益,检察机关可以通过公益诉讼督促消除安全隐患。检察机关积极、稳妥探索办理安全生产领域案件,有助于监督解决安全生产活动中行政监管缺失、不到位及执法不严等问题,减少安全生产事故隐患。铁路沿线存在的安全隐患,严重威胁出行群众的生命和财产安全。根据铁路安全法律法规,铁路沿线地方各级人民政府和县级以上人民政府有关部门应当按照各自职责,防范和制止危害铁路安全的行为,协调和处置保障铁路安全的有关事项,做好保障铁路安全有关工作。针对违法围垦造田、拦河筑坝等危害铁路运营安全问题等特殊领域,检察机关应依法履行公益诉讼监督职能,坚持预防为主的原则,在铁路安全受到侵害或者存在侵害危险时即督促行政机关消除隐患、依法履职,及时制止侵害、消除危险,避免造成无法挽回的严重后果。

(二)对于跨行政区划的公益诉讼案件,应综合考虑案件性质、领域、公益损害程度、需协调部门等因素确定管辖检察机关。对于跨多个行政区域涉铁案件,需要协调铁路部门、相关地方政府及其职能部门共同解决的,可以指定铁路运输检察分院管辖,发挥专门检察院跨行政区划的管理体制优势和办理涉铁案件的专业优势,同时更有效凝聚铁路、地方和相关行政部门的工作合力。

(三)对跨行政区划、行政部门职能交叉的案件,涉及不同层级人民政府和多个职能部门的,人民检察院应向其共同的上级行政机关发出检察建议。

两个以上县级人民政府和市县两级水利、国土、安全生产等多个职能部门均具有与案涉事项相关的安全生产监督管理、防洪和保障铁路安全的法定职责，可以由人民检察院对能够发挥统筹作用的市级人民政府发送检察建议，督促市级人民政府对下级政府及相关职能部门进行协调调度，以提高监督效果，节约司法成本。

（四）检察机关履行公益诉讼职责，应当持续跟进监督，推动问题整改落实到位。行政机关虽然采取了部分行政监管措施，但国家利益和社会公共利益受损问题没有根本解决的，检察机关应当督促其依法全面履职。针对重大疑难复杂案件，可以采取委托专业机构、组织评审会或邀请相关部门参与等方式对诉前检察建议落实成效进行评估，提高评判结果公信力。

|相关规定|

《中华人民共和国行政诉讼法》第二十五条第四款

《中华人民共和国安全生产法》第五十九条

《中华人民共和国铁路法》第七条

《中华人民共和国防洪法》第七条、第八条、第三十四条

《铁路安全管理条例》第四条、第三十七条、第九十一条

检例第114号

江西省上饶市人民检察院诉张某某等三人故意损毁三清山巨蟒峰民事公益诉讼案

关键词 民事公益诉讼 自然遗迹 风景名胜 生态服务价值损失 专家意见

|要旨|

破坏自然遗迹和风景名胜的行为,属于"破坏生态环境和资源保护"的公益诉讼案件范围,检察机关依法可以提起民事公益诉讼。对独特景观的生态服务价值损失,可以采用"条件价值法"进行评估,确定损害赔偿数额。

|基本案情|

江西省上饶市境内的三清山景区属于世界自然遗产地、世界地质公园、国家重点风景名胜区、国家5A级景区。巨蟒峰位于其核心景区,是经长期自然风化和重力崩解作用形成的巨型花岗岩石柱,是具有世界级地质地貌意义的地质遗迹,2017年被认证为"世界最高的天然蟒峰",是不可再生的珍稀自然资源性资产、可持续利用的自然遗产,具有重大科学价值、美学价值和经济价值。

2017年4月15日，张某某、毛某某、张某前往三清山风景名胜区攀爬巨蟒峰，并采用电钻钻孔、打岩钉、布绳索的方式先后攀爬至巨蟒峰顶部。经现场勘查，张某某等在巨蟒峰自下而上打入岩钉26枚。公安机关委托专家组论证认为，钉入巨蟒峰的26枚岩钉属于钢铁物质，会直接诱发和加重巨蟒峰物理、化学、生物风化过程，巨蟒峰的最细处（直径约7米）已至少被打入4个岩钉，形成了新裂隙，会加快花岗岩柱体的侵蚀进程，甚至造成其崩解。张某某等三人的打岩钉攀爬行为对巨蟒峰造成了永久性的损害，破坏了自然遗产的自然性、原始性完整性。

|发现线索和调查核实|

2017年10月张某某等三人因涉嫌故意损毁名胜古迹罪被公安机关移送起诉（2019年12月26日，上饶市中级人民法院作出刑事判决，认定张某某、毛某某、张某犯故意损毁名胜古迹罪，分别判处张某某、毛某某有期徒刑一年、六个月，处罚金人民币十万元、五万元，张某免于刑事处罚）。上饶市信州区人民检察院在审查起诉过程中发现该三人故意损毁三清山巨蟒峰的行为可能损害社会公共利益，于2018年3月29日将线索移送上饶市人民检察院。

上饶市人民检察院认为，自然遗迹、风景名胜是环境的组成部分，三清山巨蟒峰的世界级地质地貌意义承载着特殊的遗迹价值和广泛的公共利益。张某某等三人的损害行为侵害了生态环境和不特定社会公众的环境权益，本案属于生态环境民事公益诉讼的案件范围。三人在明知法律禁止破坏景物设施的情况下，故意实施破坏性攀爬行为，造成不可修复的严重损毁和极大的负面影响，存在加速山体崩塌的重大风险。三人具备事前共同谋划、事中相互配合等行为，符合共同侵权的构成要件，依法应当承担连带责任。

2018年5月，上饶市人民检察院委托江西财经大学三名专家成立专家组对三清山巨蟒峰的受损价值进行评估，并形成《评估报告》。专家组采用国际通用的条件价值法对三清山巨蟒峰受损后果进行价值评估〔按：条件价值法是原环境保护部下发的《环境损害鉴定评估推荐方法》（第Ⅱ版）确定的方法之一，是在假想市场情况下，直接调查和询问人们对某一环境效益改善或资源保护的措施的支付意愿，或者对环境或资源质量损失的接受赔偿意愿，以人们的支付意愿或受偿意愿来估计环境效益改善或环境质量损失的经济价值。该评估方法的科学性在世界范围内得到认可〕，分析得出该事件对巨蟒峰生态服务价值造成损失的最低阈值为 0. 119-2. 37 亿元。

| 诉讼过程 |

（一）诉前公告

2018 年 4 月 18 日，上饶市人民检察院发出公告，告知法律规定的机关和有关组织可以提起民事公益诉讼。公告期满后，没有法定的机关和组织提起诉讼。

（二）一审程序

上饶市人民检察院于 2018 年 8 月 29 日向上饶市中级人民法院提起民事公益诉讼，诉请判令三被告依法对巨蟒峰非使用价值造成的损失 0. 119 亿元和专家评估费 15 万元承担连带赔偿责任，并在全国性新闻媒体上公开赔礼道歉。

庭审过程中，三被告辩称：1. 上饶市人民检察院不符合法定的起诉条件。2. 三被告的行为不符合侵权责任的构成要件，且本案发生前存在他人在巨蟒峰上打岩钉的情况，三清山管委会在巨蟒峰上建设的监控系统也有损害作用，三被告造成的损害属于多因一果的损害，应由各方分担责任。3. 江西财经大学专家组所采用的评估方法不科学、数据不可靠，评估报告不能采信。公益诉讼起诉人答辩如下：第一，根据环境保护法第二条的规定，自然遗迹、风景名胜是环境的组成部分，本案属于环境民事公益诉讼的案件范围。本案系检察机关在履行职责中发现，且已经履行诉前公告程序，上饶市人民检察院对本案提起民事公益诉讼符合法定程序和条件。第二，三被告在明知法律禁止在景物上刻划、涂污以及以其他方式破坏景物设施的情况下，故意实施破坏性攀爬行为，且事前共同谋划，事中相互配合，符合共同侵权的构成要件，依法应当承担连带侵权责任。专家组出具的《评估报告》系针对三被告在巨蟒峰打入26个岩钉造成的损害进行的评估，不涉及他人造成的损害；三清山风景名胜区管理委员会案发后出于维护公共利益考量，依法经许可和设计后在巨蟒峰周围安装监测设施（共计6个摄像头），该监测设施均不在巨蟒峰独柱体岩石上，避免了对巨蟒峰独柱体岩石的损害，其行为与三被告的行为不具有同一性。第三，此次评估所采用的条件价值法是经国家行政主管部门认可、国际通用的价值评估法，科学有据，评估过程严谨规范。评估专家依法出庭接受了质证，该专家意见可以作为认定损害赔偿数额的依据。

2019年12月27日，上饶市中级人民法院作出一审判决，在参照江西财经大学专家组的评估报告，并兼顾三被告的经济条件和赔偿能力等基础上，判令三被告连带赔偿环境资源损失600万元，连带承担专家评估费15万元，并在全国性媒体上刊登公告向社会公众赔礼道歉。

（三）二审程序

张某某、张某对一审判决不服，提出上诉。江西省高级人民法院于2020年5月8日公开开庭进行了审理，江西省人民检察院与上饶市人民检察院共同派员出席法庭，就案件事实、证据、程序和一审判决情况发表了意见。江西省高级人民法院于2020年5月18日作出二审判决，驳回上诉，维持原判。

指导意义

（一）对景观生态服务价值的破坏行为，检察机关依法可以提起公益诉讼。自然遗迹和风景名胜是环境的组成部分，属于不可再生资源，具有代表性的自然遗迹和风景名胜的生态服务价值表现在社会公众对其享有的游憩权益和对独特景观的观赏权益。任何对其进行破坏的行为都是损害人类共同享有的环境资源、损害社会公共利益,检察机关应当及时依法开展公益诉讼检察。

(二)对独特景观的生态服务价值损失,可以采用条件价值法进行评估。因独特的环境资源、自然景观缺乏真实的交易市场,其环境资源和生态服务的价值难以用常规的市场方法评估,损害赔偿数额无法通过司法鉴定予以确定。在此情况下,检察机关可以委托专家,采用原环境保护部《环境损害鉴定评估推荐方法》(第Ⅱ版)和《生态环境损害鉴定评估技术指南总纲》中推荐使用的条件价值法进行评估,该方法被认为特别适用于独特景观、文物古迹等生态服务价值评估。评估后的结果可以专家意见书的方式进行举证,作为法院审理案件的参考依据。

(三)检察机关要综合运用刑事、公益诉讼司法手段打击破坏自然遗迹和风景名胜的行为,提高此类破坏行为的违法犯罪成本。损害赔偿数额可根据专家意见和案件综合因素合理确定。对于严重破坏或损害自然遗迹、风景名胜的行为,行为人应当依法承担刑事责任。其造成的公共利益损害,在无法恢复原状的情况下,可根据《侵权责任法》诉请侵权人赔偿损失。由行为人承担高额环境资源损失赔偿的民事侵权责任,充分体现了公益诉讼保护公共利益的独特制度价值,既有助于修复受损的公共利益,又能警示潜在的违法者,唤醒广大公众保护环境、珍惜自然资源的意识。环境损害赔偿数额的确定,可依据《最高人民法院关于审理环境民事公益诉讼案件适用法律若干问题的解释》相关规定,结合破坏行为的范围和程度、环境资源的稀缺性、恢复难易程度、涉案人的赔偿能力等综合考量。

|相关规定|

《中华人民共和国民事诉讼法》第五十五条第二款

《中华人民共和国环境保护法》第二条、第二十九条、六十四条

《中华人民共和国侵权责任法》第六条、第八条、第十五条

《最高人民法院关于审理环境民事公益诉讼案件适用法律若干问题的解释》第十五条、第十八条、第二十二条、第二十三条

《最高人民法院、最高人民检察院关于检察公益诉讼案件适用法律若干问题的解释》第八条、第九条、第十一条

《风景名胜区条例》第二十四条第一款、第三款、第二十六条第三项

检例第115号

贵州省榕江县人民检察院督促保护传统村落行政公益诉讼案

关键词 行政公益诉讼 传统村落保护 推动完善地方立法 促进乡村振兴

|要旨|

纳入《中国传统村落名录》的传统村落属于环境保护法所规定的“环境”范围。地方政府及其相关职能部门对传统村落保护未依法履行监管、保护职责的,检察机关应发挥行政公益诉讼职能督促其依法履职。对具有一定普遍性的问题,可以结合办案促进相关政策转化和地方立法完善。

|基本案情|

贵州省黔东南州有409个村入选《中国传统村落名录》,包括榕江县栽麻镇宰荡侗寨、归柳侗寨。2018年3月,黔东南州检察机关部署开展传统村落保护专项行动,榕江县人民检察院在专项行动中发现,栽麻镇宰荡、归柳两个侗寨的村民私自占用农田、河道、溪流新建住房,违规翻修旧房,严重破坏了中国传统村落的整体风貌，损害了国家利益和社会公共利益。

|调查核实和督促履职|

2018年4月，榕江县人民检察院对本案决定立案并进行调查核实。通过现场勘验，询问村民及政府工作人员，查阅相关文件资料等，查明：栽麻镇宰荡、归柳两个侗寨部分村民未批先建砖混、砖木结构房屋的情况比较严重，导致大量修建的水泥砖房取代了民族传统木质瓦房，此外，加装墙壁瓷砖、铝合金门窗等新型建筑材料、加盖彩色铁皮瓦等现象，严重破坏了中国传统村落的整体格局和原始风貌，影响了侗寨这一民族文化遗产的保护和传承。贵州省颁布的《贵州省传统村落保护和发展条例》《黔东南苗族侗族自治州民族文化村寨保护条例》明确规定，乡镇人民政府负责本行政区域内传统村落保护和发展的具体工作。栽麻镇人民政府作为栽麻镇宰荡、归柳侗寨保护和发展工作的法定主体，未依法落实传统村落保护发展规划和控制性保护措施，未开展传统村落保护宣传、管理工作，对村民擅自新建、改建、扩建建(构)筑物等行为未及时予以制止和引导，导致传统村落格局和整体风貌遭到严重破坏。

2018年5月7日，榕江县人民检察院向榕江县栽麻镇人民政府发出行政公益诉讼诉前检察建议，建议对宰荡侗寨和归柳侗寨两个传统村落依法履行保护监管职责。榕江县栽麻镇人民政府未对违章建筑进行监管，也未在规定的期限内对检察建议作出书面回复。榕江县人民检察院两次向该镇政府催办，仍未予回复。此后榕江县检察院办案人员先后4次回访宰荡侗寨和归柳侗寨，原有破坏传统村落的违法建筑不但没有整改，数量不减反增，国家利益和社会公共利益持续处于受侵害状态。

|诉讼过程|

(一)提起诉讼

2018年12月28日，经贵州省人民检察院批准，榕江县人民检察院根据行政诉讼集中管辖的规定,向黎平县人民法院提起行政公益诉讼,请求确认榕江县栽麻镇人民政府对中国传统村落宰荡侗寨和归柳侗寨不依法履行监管职责的行为违法;判令榕江县栽麻镇人民政府对破坏中国传统村落宰荡侗寨、归柳侗寨整体风貌的违法行为依法履行监管职责。

(二)法庭审理

2019年2月27日,黎平县人民法院公开审理了本案。榕江县人民检察院出示了现场调查图片、走访当地村民以及政府工作人员的调查笔录,提供了《中国传统村落名录》等相关书证,证实宰荡侗寨和归柳侗寨已被列为"中国传统村落",因违章建筑致使整体风貌受到严重破坏的客观事实。榕江县人民检察院认为,依据《贵州省传统村落保护和发展条例》等规定,栽麻镇人民政府对本行政区域内传统村落的保护和发展负有法定监管职责,检察机关发出诉前建议后,其仍未采取积极有效的监管、保护措施,传统村落整体风貌始终处于遭受破坏的状态中。

经庭审质证,栽麻镇人民政府对于未依法履职的事实予以认可,但提出传统村落的保护需要自然资源、住建部门等多部门协调配合,村民保护传统村落的意识淡薄,保护传统村落与村民改善生活条件的需求存在现实冲突和矛盾。

榕江县人民检察院指出,栽麻镇人民政府是本行政区内传统村落保护工作的责任者,对破坏传统村落的违法行为负有不可推卸的监管职责。栽麻镇人民政府应依法履职,协调各职能部门形成保护合力,加大力度发展生态旅游等相关产业,让村民共享传统村落保护与发展带来的红利和成果。

(三)审理结果

经依法审理,法院当庭作出判决,支持检察机关全部诉讼请求,栽麻镇人民政府当庭表示不上诉。

（四）案件办理效果

判决生效后，榕江县人民检察院督促栽麻镇人民政府加大监管力度，对宰荡侗寨和归柳侗寨采取相应的保护措施，逐步拆除破坏中国传统村落风貌的违章建筑。2019年5月，榕江县人民检察院在跟进监督时发现，违章建筑已经全部拆除。

诉讼过程中，榕江县人民政府下发了《榕江县传统村落保护管理办法（试行）》，对本地传统村落保护的具体措施、发展规划、法律责任进行了详细规定。此后，榕江县人民检察院积极与县自然资源、住建、规划等部门沟通，推动相关部门与同济大学签订技术服务合同，形成《榕江县侗族传统村落居民修缮与新建民居设计导则》，既延续传统民居风貌，又满足村民改善房屋质量和居住条件的现实需求。同时，协同两村村委会将传统村落保护纳入村规民约，增强村民保护传统村落的自觉性。

2019年9月，黔东南州人民检察院就传统村落保护向州人大做专题报告，并提出地方立法完善建议。2020年4月29日，《黔东南苗族侗族自治州民族文化村寨保护条例》（2008年9月1日施行）修订审议通过，确立了传统村落分级、分类保护原则，进一步明确了各相关部门职责，并增加规定了"检察机关针对行政机关违法行使职权或行政不作为，破坏传统村落、损害国家利益或社会公共利益的，可以依法提起行政公益诉讼"相关条款。黔东南州检察机关还推动协调传统村落保护资金1.43亿元，该州雷山县等地检察机关与相关行政部门形成了"传统村落保护与发展合作框架协议书"，改善传统村落的基础设施和公共服务设施配套项目，在保护中挖掘旅游资源，形成有特色的传统村落旅游金牌路线，让村民实现家门口创业、就业、增收，实现脱贫致富。当地对传统村落的保护与建设，既坚持了人与自然和谐共生，又因地制宜、发展特色经济，良好契合了我国乡村振兴战略发展。

|指导意义|

(一)加强传统村落保护,是检察机关行政公益诉讼的法定职能范围。传统村落属于《中华人民共和国环境保护法》第二条中列明的“环境”范畴,是影响人类生存和发展的人文遗迹。传统村落具有丰富的历史、文化、科学、艺术、社会、经济价值和独特的民族地域特色,是国家利益和社会公共利益的重要组成部分。政府和相关职能部门对传统村落保护未依法履行监管职责的,检察机关应当发挥行政公益诉讼职能,督促其依法履行职责,传承和保护传统村落所承载的人文环境、本地历史和民族文化,助力和服务脱贫攻坚、乡村振兴等国家重大战略。

(二)检察机关可以结合公益诉讼办案推进完善传统村落保护的配套制度机制。在传统村落、民族地域特色环境或其他人文遗迹保护领域,行政部门疏于或怠于履职存在多方面原因,或因法律、政策不完善,或因协调难、矛盾多、阻力大而难于充分履职,检察机关要及时督促相关行政部门依法履职。同时,还应坚持以人为本的原则,正视人民群众追求美好生活的合理要求。保护传统文化和改善人民生活从根本上讲具有一致性,保护好传统文化及其价值内涵本身就是保护村落百姓的财富与利益。检察机关在发挥监督职能的过程中,要平衡好传统文化保护和社会经济发展,以人民为中心,积极协调、配合、支持相关部门保护、改善群众生活环境的政策落实,为推动政策转化和地方立法完善贡献检察力量,真正实现“双赢、多赢、共赢”。

|相关规定|

《中华人民共和国行政诉讼法》第二十五条第四款

《中华人民共和国环境保护法》第二条

《中华人民共和国城乡规划法》第六十五条

《最高人民法院、最高人民检察院关于检察公益诉讼案件适用法律若干问题的解释》第二十一条

最高人民检察院

第三十批指导性案例

检例 第116号

某材料公司诉重庆市某区安监局、市安监局行政处罚及行政复议检察监督案

关键词 行政争议实质性化解 行政处罚 释法说理

|要旨|

人民检察院办理行政诉讼监督案件,应当在履行法律监督职责中开展行政争议实质性化解工作,促进案结事了。人民检察院化解行政争议应当注重释法说理,有效回应当事人诉求,解心结、释法结。

|基本案情|

2017年5月,重庆某防火材料有限公司(以下简称材料公司)与重庆某建设有限公司(以下简称建设公司)签订产品购销合同,约定材料公司向建设公司承建的某项目提供防火卷帘门,并负责安装调试。2017年8月18日,材料公司职工程某到现场对车库防火卷帘门进行安装调试时,承担其他施工任务的某装饰设计工程公司(以下简称设计公司)职工苟某因施工放线需要,按动卷帘门起升启动按钮,导致程某卷入卷帘门窒息死亡。

2017年9月26日，重庆市某区城乡建设委员会依据《重庆市建筑管理条例》第四十七条、第六十六条之规定，对建设公司作出责令停止施工和罚款3万元的行政处罚。2018年1月26日，重庆市某区安全生产监督管理局（以下简称区安监局）认为材料公司没有按照公司《安全生产管理制度》的要求对工人开展安全教育；在调试防火卷帘门时未在开关处设置警示标志，违反了《中华人民共和国安全生产法》第二十五条第一款和第三十二条的规定，依据该法第一百零九条第（一）项的规定作出行政处罚决定，对材料公司罚款28万元；依据该法第九十二条第（一）项的规定分别对材料公司法定代表人冯某罚款1万余元、对建设公司项目经理罚款2万余元；依据《重庆市安全生产条例》第五十八条的规定对监理公司经理罚款1万余元。材料公司不服行政处罚决定，向市安监局申请行政复议。2018年5月10日，市安监局作出行政复议决定，维持区安监局行政处罚决定。

2018年5月25日，材料公司向人民法院提起行政诉讼，请求撤销区安监局作出的行政处罚决定和市安监局作出的行政复议决定。人民法院一审认为，材料公司派员到现场配合购货方完成产品消防自检属于生产经营活动，负有安全生产管理的义务，材料公司的违法行为系造成安全生产事故的直接原因，对此次事故的发生负有责任，区安监局作出的行政处罚决定事实清楚、证据充分，程序合法，适用法律法规正确，市安监局作出的复议决定程序合法，并无不当，遂于2018年11月19日判决驳回材料公司的诉讼请求。

材料公司不服一审判决，向重庆市第一中级人民法院提起上诉，该院二审判决驳回上诉，维持原判。材料公司向重庆市高级人民法院申请再审，该院于2019年9月2日裁定驳回材料公司的再审申请。

| 检察机关履职情况 |

案件来源。材料公司以案涉行政处罚决定违法以及原审法院判决不当为由，于2019年10月23日向重庆市人民检察院第一分院申请监督，检察机关依法受理，并由副检察长作为承办检察官办理。

调查核实。为查明原审判决和被诉行政处罚决定是否合法，检察机关在阅卷审查的基础上进行了以下调查核实工作：一是对区安监局所作行政处罚进行调卷审查；二是听取材料公司法定代表人冯某申请监督意见和理由，询问了解案涉安全生产事故发生详细过程及材料公司职工程某工伤死亡赔偿情况。检察机关查明，根据产品购销合同约定，防火卷帘门调试作业属于材料公司生产经营活动，材料公司对其生产经营活动应承担相应的安全生产管理责任；事故发生的直接原因系程某违章操作、未设置警示标志，间接原因系材料公司安全教育培训不到位、建设公司项目经理履职不到位、监理单位现场协调不到位，某区城乡建设委员会依法对建设公司作出了处理，法院判决认定材料公司违法行为系事故发生直接原因，应承担责任，并无不当。在社会保险机构支付工伤死亡赔偿金的基础上，材料公司补助死亡职工家属 24 万元。

释法说理。面对承办检察官，冯某坚持认为行政处罚不公，案涉事故的生产经营组织者系建设公司，事故发生系第三方（设计公司）违规操作直接导致，与材料公司没有直接因果关系，材料公司也是受害者，所受处罚过重。鉴于此案涉及民营企业和多方责任，经过行政复议、一审、二审、再审多次处理，材料公司始终不服，申请监督后，对检察机关的审查意见仍然不服，重庆市人民检察院向最高人民检察院请示。最高人民检察院领导高度重视，经审阅案卷后赴重庆与承办检察官共同接待材料公司法定代表人冯某及委托代理人邹某。在当面听取申请人的意见和诉求后，最高人民检察院领导分析了行政处罚和人民法院判决的合法性、合理性，指出安装调试防火卷帘门是材料公司履行合同义务的生产经营活动，材料公司负有安全生产管理责任；该事故属于综合责任事故，相关行政机关在裁量范围内依法对材料公司、建设公司、监理方都作了处罚，事故各方承担了相应的责任，程序上基本公正，法院判决并无不当。最高人民检察院领导还站在民营企业长远发展和维护申请人合法权益的角度，说法理、谈情理、讲道理，对材料公司积极认同社会责任给予死亡员工家属抚恤金的做法予以充分肯定；同时表示，解决好企业的烦心事和揪心事，是党中央的明确要求，检察机关对于涉及民企的案件格外重视，依法予以平等保护，希望材料公司辩证看待安全事故，从中汲取教训，将更多精力投入生产经营，让企业走得更稳、更远。针对材料公司反映的行政执法不规范、案件处理不平衡等问题，最高人民检察院领导表示检察机关可在深入调查核实后，提出相应的检察建议。

争议化解。经最高人民检察院领导释法说理，材料公司法定代表人冯某对检察机关所作的工作和提出的意见表示认可。2019年12月5日，冯某向检察机关提交撤回监督申请书，检察机关依法作出终结审查决定，本案行政争议成功化解。

诉源治理。重庆市人民检察院第一分院经调查核实，建议区应急管理局（因机构改革原安监局职能并入应急管理局）全面调查是否遗漏相关责任主体，针对区安监局超期提交事故调查报告等执法不规范问题，建议规范行政执法办案程序，提高行政执法办案效率，在个案处理中加强释法说理，减少行政争议，增强行政执法公信力。区应急管理局收到检察建议后，组织原事故调查组进行补充调查，将设计公司生产安全管理不合规问题移交行业主管部门区住房城乡建设委依法处理；为促进今后规范执法，建立案件审核委员会制度，加强对事故调查及作出行政处罚的审核把关，确保行政执法规范严谨。

指导意义

（一）人民检察院办理行政诉讼监督案件，应当坚持把实质性化解行政争议作为重要职责，努力实现案结事了政和。人民检察院办理行政诉讼监督案件，应当践行以人民为中心的监督理念，全面贯彻行政诉讼法确定的立法目的，在监督人民法院公正司法、促进行政机关依法行政的同时，着眼于实质性化解行政争议，加强调查核实，针对行政争议产生的基础事实和申请人在诉讼中的实质诉求，综合运用抗诉、检察建议、公开听证、司法救助等方式，促使行政争议得到合法合理的解决，维护公民、法人和其他组织的合法权益。

（二）人民检察院化解行政争议，应当加强释法说理，有效回应当事人诉求。围绕案件事实和证据，阐明事理、释明法理、讲明情理，为当事人解心结、释法结，既体现法的力度，又体现法理情交融的温度，让当事人感受到法律监督的公正性、透明度。

|相关规定|

《中华人民共和国行政诉讼法》第十一条

《中华人民共和国安全生产法》第二十五条第一款、第三十二条、第九十二条、第一百零九条

《人民检察院行政诉讼监督规则(试行)》第三十四条、第三十六条

《人民检察院民事诉讼监督规则(试行)》第七十五条第一款

《人民检察院检察建议工作规定》第十一条

检例 第117号

陈某诉江苏省某市某区人民政府强制拆迁及行政赔偿检察监督案

关键词 行政争议实质性化解 行政赔偿 赔偿义务机关 促成和解

|要旨|

人民检察院办理未经人民法院实体审理的行政赔偿监督案件，依据行政委托关系确定行政机关为赔偿责任主体的，可以促使双方当事人在法定补偿和赔偿标准幅度内达成和解。对于疑难复杂行政争议，应当充分发挥检察一体化优势，凝聚化解行政争议合力。

|基本案情|

2013年，陈某位于某村民小组的房屋被损毁，陈某向江苏省某市某区公安局报警要求处理，公安局认为该案属于政府征地拆迁，不属于公安机关受案范围，未予立案。2015年8月18日，陈某向某市中级人民法院提起行政诉讼，请求确认区人民政府拆除其房屋及厂房(与房屋一体)的行政行为违法，并判决赔偿其损失。某市中级人民法院经审理认为，陈某的起诉缺乏事实根据,不能证明案涉房屋系区政府拆除,故裁定驳回起诉。陈某不服,提起上诉。江苏省高级人民法院裁定驳回上诉,维持原裁定。陈某提出再审申请,被最高人民法院裁定驳回。

|检察机关履职情况|

案件来源。陈某不服人民法院生效裁定,向检察机关申请监督。江苏省人民检察院依法受理,经审查,提请最高人民检察院抗诉。

调查核实。最高人民检察院围绕陈某的房屋是否在被拆迁范围内、区人民政府是否是拆除案涉房屋的责任主体、案涉被拆除房屋是否为合法建筑等问题进行调查核实,调取案涉拆迁地块用地红线图、拆迁补偿档案等书证,询问区自然资源和规划局工作人员、参与拆迁的某建筑拆除公司负责人、拆迁小组成员以及陈某等。检察机关查明,案涉拆迁地块系用于区人民政府 2012 年为民办实事重点工程菜市场建设项目,征收拆迁由区人民政府主导、推动和组织实施,区人民政府为此专门成立城市建设指挥部,全面负责拆迁补偿相关事宜。区城市资产经营有限公司代表区人民政府作为拆迁人,委托某房屋拆迁公司具体实施。房屋拆迁公司与菜市场拆迁户签订协议并组织实施拆迁。陈某被拆除房屋在拆迁范围内,总面积 330. 82m^2,其中合法应补偿面积 176. 52m^2。陈某诉请所称厂房系违法建筑,不能按规定给予补偿安置,主张停工停产损失因其未能提供工厂经营的证据材料,不能得到支持。陈某对补偿的期望值与区人民政府的补偿方案差距悬殊,双方始终未能就拆迁补偿事宜达成一致意见,房屋拆迁公司指派实施专项拆除的某建筑拆除公司对陈某的房屋进行了强制拆除。

监督意见。检察机关审查认为,案涉强制拆除行为系因行政征收拆迁引起,区人民政府作为最初委托主体和征收行为主体,其委托的公司在未与陈某达成拆迁补偿协议的情况下违反法定程序实施强制拆除,区人民政府应当对受委托公司的行为后果承担责任。原审人民法院以被告主体不适格裁定驳回起诉不当。最高人民检察院在办案中了解到陈某的实质诉求是得到赔偿,陈某房屋被强制拆除后,区人民政府曾多次与陈某协商,表示作为征收主体愿意承担补偿责任。江苏省人民检察院办案过程中也曾促双方和解。最高人民检察院经研究后认为,本案系以主体不适格驳回起诉案件,即使通过抗诉解决了主体适格问题,实现陈某合法诉求,仍需经历行政确认和赔偿诉讼,促成双方和解更有利于及时实现陈某的实质诉求。鉴于双方均有和解意愿,最高人民检察院决定推动区人民政府与陈某达成和解,实质性化解行政争议。

争议化解。最高人民检察院成立由分管院领导担任主办检察官的办案组,与江苏省三级检察机关联动,共同开展化解工作。2019年12月18日,办案组赴江苏陈某居住地面对面沟通,通过释法说理促其放弃超出法律和政策规定的不合理诉求;与区人民政府工作人员座谈,听取意见并强调人民政府应当秉持诚实信用原则,对受委托主体的违法行为依法承担责任。省、市、区三级检察机关加强与区政府对接,检察机关多次接待陈某,协调区司法局为陈某推荐法律援助律师;推动行政机关召开有陈某、法律援助律师、人大代表、政协委员、街道办、司法局参加的听证会。在四级检察院合力推动和各方积极参与下,双方按照拆迁安置补偿标准和相关利率达成补偿赔偿协议。

2020年7月31日,陈某向检察机关提交撤回监督申请,最高人民检察院依法作出终结审查决定。持续7年的行政争议最终化解。

| 指导意义 |

(一)人民检察院办理未经人民法院实体审理的行政赔偿监督案件,可以促使应当担责的行政机关在法定补偿标准幅度内承担赔偿责任,与对方当事人达成和解。受行政机关委托从事征收拆迁等行政事务的公司从事受委托的行为违法,给公民、法人或者其他组织造成损失的,由委托的行政机关承担赔偿责任。检察机关办理行政强制拆除引起的行政赔偿诉讼监督案件,在查清案件事实、厘清各方责任的基础上,兼顾监督公权和保障私权双重目标,既要促使行政机关对其委托事务实施过程中发生的违法后果承担责任,又要将双方达成的赔偿协议限定在法定范围和幅度内,确保公平合法地解决行政赔偿争议。

(二)检察机关在化解行政争议过程中应当充分发挥检察一体化优势,凝聚合力,促进疑难复杂行政争议的化解。检察机关对于久拖未结的疑难复杂行政争议,可以根据案件实际情况多级联动,上级检察机关通过交办、督办、参与调处等方式,发挥协调指导作用,争议所在地检察机关充分调查、走访,发挥熟悉当地情况、就近开展工作的优势,齐心协力做好行政争议实质性化解工作。

|相关规定|

《中华人民共和国行政诉讼法》第十一条、第四十九条、第九十一条

《中华人民共和国国家赔偿法》第七条、第三十六条

《人民检察院行政诉讼监督规则(试行)》第十三条、第二十条

检例 第 118 号

魏某等 19 人诉山西省某市发展和改革局不履行法定职责检察监督案

关键词　行政争议实质性化解　履行法定职责　抗诉　公开听证　解决同类问题

| 要旨 |

检察机关提出抗诉的行政案件，为保障申请人及时实现合法诉求，维护未提起行政诉讼的同等情况的其他主体合法权益，可以继续跟进推动行政争议化解，通过公开听证等方式，促成解决同类问题。对行政机关以法律、法规和规范性文件规定不明确为由履职不到位导致的行政争议，应当协调有关部门予以明确，推动行政争议解决，促进系统治理。

| 基本案情 |

2013 年，山西省某市人民政府决定对该市某小区实施整体拆迁改造，于同年 10 月与魏某等被征收人签订《某小区房屋征收与安置补偿协议书》。2014 年 3 月，该市某街道办事处某居委会与山西某房地产开发有限公司（以下简称房地产公司)签订《小区片区改造项目合作开发协议书》,由房地产公司对案涉小区进行开发改造。2015 年 3 月,案涉小区拆迁改造被确定为棚户区改造项目。在回迁安置过程中,房地产公司委托某物业管理有限公司(以下简称物业公司)向回迁安置户收取了供水、供气、供热等设施建设费。2017 年 6 月 30 日,魏某等 19 人投诉至某市发展和改革局,要求对物业公司乱收费行为进行查处,7 月 10 日,该局予以受理并立案,在查处案件过程中,该局认为《山西省棚户区改造工作实施方案》第十四条的规定不明确,遂于 8 月 11 日向某市人民政府作出请示。市人民政府市长办公会提出协调处理指导意见,未就该局提出的问题给出明确答复。11 月 20 日该局将相关情况告知申请人,后未作出相应的行政处理决定。

2017 年 9 月 5 日,魏某等 19 人向人民法院提起行政诉讼,要求确认发展和改革局行政不作为违法,并判令其依法履行法定职责。人民法院经审理认为,对辖区内的价格活动进行监督检查,对价格违法行为实施行政处罚属于发展和改革局的法定职责。魏某等 19 人就物业公司收费问题投诉后,发展和改革局及时立案,并进行了一系列检查、调查和协调工作,又因法规依据适用问题向上请示,虽然尚未作出行政行为,但案件仍在办理之中,被告不构成行政不作为。依照《中华人民共和国行政诉讼法》第六十九条之规定,判决驳回魏某等人的诉讼请求。魏某等 19 人不服,提出上诉。2018 年 3 月 27 日某市中级人民法院审理认为,发展和改革局在立案查处过程中,因法律依据不明确,政策界限不清晰,且在全市范围内有较大影响,特向上级行政机关请示,具有一定的必要性,虽未在法定期限内作出行政行为,但其理由具有一定正当性,因此不构成不履行行政职能。依照《中华人民共和国行政诉讼法》第八十九条第一款第(一)项的规定,判决驳回上诉,维持原判。魏某等 19 人提出再审申请,被山西省高级人民法院驳回。

检察机关履职情况

案件来源。魏某等 19 人不服人民法院的生效判决,向某市人民检察院申请监督。某市人民检察院依法受理,经审查,提请山西省人民检察院抗诉。

调查核实。为查明物业公司向魏某等人收取相关费用的行为是否合法,发展和改革局是否已经依法履职,山西省人民检察院进行了以下调查核实工作:一是向山西省人民政府发函,商请制定机关对《山西省棚户区改造工作实施方案》第十四条"……棚户区改造新建安置小区有线电视和供水、供电、供气、供热、排水、通讯、道路等市政公用设施,由各相关单位出资配套建设,不得收取入网、管网增容等经营性收费,有线电视初装费减半收取"进行解释。二是与山西省住房和建设厅进行座谈,了解棚户区改造的相关政策。三是对案涉小区所在街道办事处、居委会、市场监督管理局(2019年机构改革,发展和改革局相关职能划入市场监督管理局)、住房和城乡建设局,市供热、供水、供气等公司有关负责人员以及当事人进行询问。

检察机关查明,根据山西省政府有关文件规定和山西省住房和建设厅对山西省人民检察院的函复意见,棚户区改造项目建设供水、供气、供热等市政公用设施产生的费用,由市政公用设施的相应主管部门或责任单位承担。案涉小区在棚户区改造过程中,市场监督管理局和市供水、供气、供热公司等相关单位向房地产公司收取回迁安置小区供水、供气、供热等基础设施建设和安装费用,因此房地产公司委托物业公司向魏某等回迁安置户收取自来水入网费、供热二次管网材料费和安装费。

监督意见。山西省人民检察院经审查认为,发展和改革局虽然对魏某等19人的投诉事项进行了立案、调查,针对法律适用和政策界限问题向市政府请示,市政府提出了协调处理指导意见,但发展和改革局未作出相应的处理决定,根据《价格违法行为举报处理规定》,发展和改革局存在行政不作为的情形。因此,原审判决认为发展和改革局不构成不履行行政职能,属认定事实不清,适用法律错误。2020年6月8日,依法向山西省高级人民法院提出抗诉。

争议化解。抗诉后双方当事人均向检察机关表达和解意愿,鉴于申请人魏某等19人虽然提起的是履行职责之诉,但实质诉求是退还已缴纳的供水、供气、供暖初装费,即使在抗诉再审后赢得诉讼,实现实质诉求仍需向对方当事人主张权利乃至提起给付之诉,同时,案涉小区还有未提出诉讼的189户安置户存在同类问题,山西省人民检察院在与法院沟通后,决定跟进推动行政争议实质性化解。2020 年 6 月 17 日,山西省人民检察院邀请某市政府主要领导、市场监督管理局、住建局和供水、供气、供热公司负责人等进行沟通对接,初步形成“承建方(房地产公司)收费无依据”的一致意见;6 月 23 日,山西省人民检察院召开魏某等 19 人申请检察监督案公开听证会,邀请全国政协委员、某市人大代表,相关行政机关负责人和房地产公司法定代表人参加听证会。听证会围绕市场监督局是否履职到位、案涉小区回迁户可否享受棚户区改造政策、《山西省棚户区改造工作实施方案》第十四条如何理解适用、房地产公司是否应退款等四方面焦点问题,听取各方意见,促成房地产公司与魏某等 19 人对争议处理意见达成一致,签订和解协议。行政主管部门在充分了解法律政策及安置户权益受损后,认同对案涉小区同等情况的其他 189 户安置户的权利参照协议确定的方案予以保障。某市财政支付房地产公司 150 万元,房地产公司自行承担 94 万余元,由房地产公司将违规收取的费用统一退还至魏某等 19 人及其他 189 户回迁安置户。本案行政争议实质性化解,检察机关依法撤回抗诉。

|指导意义|

(一)检察机关办理行政诉讼监督案件,为及时实现申请人合法诉求和维护具有同等情况但未提起行政诉讼的其他主体的合法权益,提出抗诉后可以继续跟进推动行政争议化解,通过公开听证等方式,促成解决同类问题。人民检察院办理行政诉讼监督案件,应当从有效解决争议,维护当事人合法权益,减少诉累出发,对于与案件相关的同类问题,除抗诉之外,注重采取跟进督促、沟通协调、公开听证等方式,推动行政争议实质性化解。

(二)人民检察院对于行政机关以法律、法规和规范性文件规定不明确为由履职不到位导致的行政争议,应积极协调有关部门作出解释。准确适用法律法规是依法公正解决争议的基本前提,也是精准监督、促进行政争议实质性化解的必然要求。人民检察院办理行政诉讼监督案件,对于行政机关以法律法规和规范性文件规定不明确、政策界限不清晰为由执行相关规定不到位的情况,可以商请政策制定机关进行解释,明确规则,解决分歧,促进争议解决的同时推进系统治理。

|相关规定|

《中华人民共和国行政诉讼法》第七十二条、第八十九条

《价格违法行为举报处理规定》(2014. 5. 1 国家发展和改革委员会)第十条、第十一条

《山西省行政执法条例》(2001. 10. 1 山西省人大常委会)第二十五条

《人民检察院行政诉讼监督规则(试行)》第三十六条

《人民检察院民事诉讼监督规则(试行)》第一百一十四条

检例第119号

山东省某包装公司及魏某安全生产违法行政非诉执行检察监督案

关键词 行政争议实质性化解 非诉执行监督 公开听证 检察建议

要旨

人民检察院办理当事人申请监督并提出合法正当诉求的行政非诉执行监督案件,可以立足法律监督职能开展行政争议实质性化解工作。人民检察院通过监督人民法院非诉执行活动,审查行政行为是否合法,发现人民法院执行活动违反法律规定,行政机关违法行使职权或者不行使职权的,应当提出检察建议。

基本案情

山东省某包装有限公司(以下简称包装公司)是一家连续多年被评为纳税信用A级、残疾人职工占41.2%、获评为残疾人就业创业扶贫示范基地等荣誉称号的福利性民营企业。2018年7月,包装公司发生一般安全事故,经调解,累计向安全事故受害人赔偿100万元。2018年10月22日,山东省某县安全生产监督管理局(以下简称县安监局)认为该公司未全面落实安全生产主体责任导致发生安全事故,违反《中华人民共和国安全生产法》第一百零九条规定,对该公司作出罚款35万元的行政处罚决定;认为公司负责人魏某未履行安全生产管理职责,违反《中华人民共和国安全生产法》第九十二条规定,对魏某作出罚款4.68万元的行政处罚决定。后经该公司及魏某申请,2018年11月8日县安监局出具《延期(分期)缴纳罚款批准书》,同意该公司及魏某延期至2019年3月30日前缴纳罚款。

2019年3月,公司及魏某因经济困难再次提出延期缴纳罚款请求。经公司驻地乡政府协调,2019年4月22日县应急管理局(机构改革后安全生产监管职能并入县应急管理局,以下简称县应急局)同意该公司及魏某延期至2019年7月31日前缴纳罚款,但未出具书面意见。2019年4月30日,在经营资金紧张情况下,包装公司缴纳10万元罚款。

2019年7月12日,县应急局认为包装公司未及时全额缴纳罚款,违反《中华人民共和国行政处罚法》第五十一条规定,对包装公司及魏某分别作出35万元、4.68万元加处罚款决定。

经催告,2019年8月5日,县应急局向县人民法院申请强制执行原处罚款剩余的25万元及魏某的4.68万元个人原处罚款,县人民法院分别作出准予强制执行裁定。2019年10月,魏某缴纳个人4.68万元原处罚款。2020年3月6日、10日,县应急局分别向县人民法院申请强制执行对包装公司及魏某的加处罚款决定,某县人民法院分别作出准予强制执行裁定。期间,包装公司及魏某对原行政处罚、加处罚款决定不服,向行政机关提出异议,并多次向市、县相关部门反映情况。

| 检察机关履职情况 |

案件来源。2020年4月9日,魏某认为处罚对象错误,不服人民法院准予强制执行县安监局处罚决定的行政裁定,包装公司及魏某不服人民法院准予强制执行县应急局加处罚款决定的行政裁定,向县人民检察院申请监督。

调查核实。受理案件后,县人民检察院重点开展了以下调查核实工作:一是调阅案卷材料,审查行政处罚及法院受理审查情况;二是向县应急局时任主要负责人、相关执法人员了解公司及魏某行政处罚、加处罚款执法和申请法院强制执行情况;三是到包装公司实地查看,了解公司生产经营状况;四是到公司驻地乡政府了解其协调延期缴纳的情况。检察机关经调查核实并向县人民法院审判人员了解情况,查明:包装公司发生安全事故时,原总经理于某已因股权纠纷、挪用资金等原因离开公司,由魏某实际负责;乡政府出具证明,企业法定代表人陈某证实,县应急局亦认可 2019 年 4 月 22 日经乡政府协调同意包装公司及魏某延期至 2019 年 7 月 31 日前缴纳、未出具书面意见的事实;包装公司在事故发生后已进行整改。

公开听证。县人民检察院多次与包装公司、县应急局沟通,争议双方对加处罚款是否适当、加处罚款决定是否应当撤销等存在重大分歧。为进一步查清案件事实,统一对法律适用的认识,推动行政争议实质性化解,县人民检察院邀请法律专家、人大代表等为听证员,组织对该案进行公开听证。听证员一致认为,对魏某的原行政处罚符合法律规定,处罚适当;对包装公司及魏某作出加处罚款明显不当,应予纠正。

监督意见。县人民检察院经审查:1. 对魏某的原行政处罚符合法律规定,处罚适当;县人民法院裁定准予强制执行加处罚款,认定事实与客观事实不符。向县人民法院发出检察建议,建议依法纠正对包装公司及魏某准予强制执行加处罚款的行政裁定。2. 县应急局实际已同意包装公司和魏某延期缴纳罚款,其在延期缴纳罚款期间对包装公司及魏某作出加处罚款决定明显不当。向县应急局发出检察建议,建议重新审查对公司及魏某作出的加处罚款决定,规范执法行为,同时建议县应急局依法加强对企业的安全生产监管,推动企业规范发展。3. 建议包装公司进一步加强内部管理,规范企业经营,重视安全生产,提高风险防范能力。

争议化解。收到检察建议后,县人民法院撤销了对包装公司及魏某的准予强制执行加处罚款行政裁定书;县应急局撤销了对包装公司及魏某的加处罚款决定,表示今后进一步规范执法行为。

指导意义

（一）行政相对人未就行政决定申请复议、提起诉讼，在行政非诉执行阶段向检察机关申请监督提出合法正当诉求的，检察机关可以立足法律监督职能依法开展行政争议实质性化解工作。行政机关申请人民法院强制执行行政决定，人民法院裁定准予强制执行，行政相对人认为行政决定及行政裁定违法，侵犯其正当权益，向人民检察院申请监督的，人民检察院应当受理。人民检察院办理行政非诉执行监督案件，可以通过调查核实、公开听证和提出检察建议等方式，查清案件事实，明晰权责，凝聚共识，推动行政机关与行政相对人之间的争议得到实质性处理，实现案结事了政和。

（二）人民检察院办理行政非诉执行监督案件，通过监督人民法院行政非诉执行活动，审查行政机关行政行为是否合法，强制执行是否侵犯相对人合法权益。中央全面依法治国委员会《关于加强综合治理从源头切实解决执行难问题的意见》提出，检察机关要加强对行政执行包括非诉执行活动的法律监督，推动依法执行、规范执行。人民检察院监督人民法院非诉执行活动，应当审查准予执行行政裁定认定事实是否清楚、适用法律是否正确，发现人民法院执行活动违反法律规定，行政机关违法行使职权或者不行使职权的，应当提出检察建议，促进人民法院公正司法、行政机关依法行政。

相关规定

《中华人民共和国行政诉讼法》第十一条

《中华人民共和国行政强制法》第四十二条

《中华人民共和国行政处罚法》（2017年）第五十一条、第五十二条

《中华人民共和国安全生产法》第九十二条、第一百零九条

《人民检察院行政诉讼监督规则（试行）》第二十九条、第三十四条

《人民检察院检察建议工作规定》第九条

检例 第120号

王某凤等45人诉北京市某区某镇政府强制拆除和行政赔偿检察监督系列案

关键词 行政争议实质性化解 民事纠纷与行政争议交织 一并化解

| 要旨 |

人民检察院办理行政诉讼监督案件,应当把实质性化解行政争议作为"监督权力"和"保障权利"的结合点和着力点。对与行政争议直接相关的民事纠纷应一并审查,促进各方达成和解,通过解决民事纠纷促进行政争议的一并化解,及时有效保护各方当事人的合法权益。

| 基本案情 |

2001年,北京市某区某镇人民政府(以下简称镇政府)根据北京市政府办公厅《关于确定本市郊区中心镇的通知》,在案涉地块以加快小城镇步伐发展文艺事业为由报建文化艺术园,该文化艺术园项目最终由山西省某集团公司组建的北京某文化交流有限公司(以下简称文化公司)进行建设。镇政府与文化公司签订《协议书》,约定镇政府向文化公司提供土地160亩,由后者出资在文化艺术园区建大学一所及相关配套的运动场所、娱乐、休闲设施和教职工公寓，协议有效期为70年。协议签订后，文化公司在案涉地块建设教学楼等设施10栋和家属楼5栋，于2004年起将5栋家属楼共计238套房屋陆续出售给某集团公司职工，并完成了物业交割。

2008年3月，因文化公司一直未办理相关审批手续且经营不善导致教学楼闲置，镇政府将案涉地块转让给北京市某培训学校（以下简称培训学校）用于大学城建设，同时，要求培训学校对地上建筑物妥善回购。2009年1月，培训学校与文化公司就10栋教学楼达成转让协议，同时签订《家属楼转让委托协议》，培训学校出资，委托文化公司以购房价格的1.6倍回购已出售家属楼。2017年6月，因案涉建筑未办理乡村建设规划许可证，违反了《中华人民共和国城乡规划法》第四十一条、《北京市城乡规划条例》第四十一条、第四十二条，镇政府在调查后，向培训学校下达限期拆除通知、限期拆除决定书，并于2018年2月将案涉房屋强制拆除。

王某凤等45名购房者认为其是案涉被拆除房屋的实际居住人，镇政府所作的限期拆除通知、限期拆除决定缺乏事实和法律依据，程序严重违法，侵害了45名购房者的合法权益，于2018年10月先后提起144件行政诉讼，请求人民法院判决确认镇政府作出的限期拆除通知、限期拆除决定违法，并依法给予行政赔偿。北京市某区人民法院经审理认为，45名申请人并非限期拆除通知、限期拆除决定的行政相对人，在案证据亦不足以证明其与该限期拆除通知、强制拆除行为具有法律上的利害关系，故以45名申请人不具有原告主体资格为由裁定驳回起诉，并据此驳回申请人后续的行政赔偿诉讼请求。45名申请人的上诉和再审申请被上级人民法院以相同理由裁定驳回。

检察机关履职情况

案件来源。2020年1月至6月，王某凤等45人对人民法院驳回起诉裁定不服，就该系列案件中的127件（限期拆除通知类38件、强制拆除类44件、行政赔偿类45件）陆续向北京市人民检察院第一分院申请监督。检察机关依法予以受理。

调查核实。为查清事实，厘清法律关系，检察机关审查了审判卷宗，并对王某凤等申请人、北京市某区政府、某镇政府和案涉企业相关人员进行询问，调取案涉房屋建设的有关文件，核实申请人提交的《文化公司教工住宅楼内部销售合同》、文化公司所制《住房所有权证》，文化公司作为物业管理方与申请人签订的《小区管理协议书》以及《购房付款收据》等书证。检察机关查明，案涉房屋系由文化公司出资建设，并在2006年与申请人签订《教工住宅楼内部销售合同》，申请人缴纳了房款，文化公司交付了房屋，并向申请人颁发了文化公司自制的《住房所有权证》。销售合同约定，"如由于房屋造成的一切问题均由甲方（注：文化公司）负责，如因产权造成乙方（注：购房者）无法居住的问题时乙方提出退房，甲方按房屋购买原价加银行同期贷款利息来归还乙方"。培训学校与文化公司《家属楼转让委托协议》签订后，案涉家属楼部分住户与文化公司解除购房合同并领取补偿款。2018年2月，案涉房屋被强制拆除时，本案45名申请人在内的部分购房者未能与文化公司达成回购协议。

监督意见。检察机关经审查后认为，王某凤等45名申请人虽然未取得产权证明，但其作为房屋的实际购买者和使用人，直接受到被诉行政行为实际影响，属于行政行为的利害关系人，应当享有对案涉房屋相关处理决定的知情权和申辩权。镇政府在拆除案涉房屋的过程中仅将培训学校作为行政行为相对人，剥夺了申请人应享有的陈述、申辩等法定权利。原审法院认为申请人并非限期拆除通知的相对人，不具有法律上利害关系，以其不具有原告主体资格裁定驳回申请人对限期拆除通知、强制拆除行为提起的诉讼，并据此驳回申请人的行政赔偿诉讼请求，系认定事实不清，适用法律错误。

检察机关经分析研究，认为案涉房屋被认定为"违建"属实，但申请人支付了房屋价款享有居住和使用利益。房屋被强制拆除的根源在于房屋建设者即文化公司未办理相关审批手续，案件的关键问题是房屋购买者民事权益的保护与赔偿问题。鉴于文化公司与购房者就因产权造成无法居住的责任承担在购房合同中已有约定，且双方有民事和解意愿，为保护当事人合法权益，避免行政、民事案件分别机械处理导致循环诉讼，检察机关决定通过推动45名申请人与文化公司达成民事和解，促进本案行政争议的实质性化解。

争议化解。本案中，从案涉房屋建设立项到被认定为违建拆除，18 年间市域治理政策不断调整，政策变迁等历史原因也是引发诉讼的因素之一。检察机关与镇政府沟通联系，促其出面协调文化公司、培训学校，同时依托镇政府促成案涉各方历经 9 轮磋商，最终达成以 2010 年补偿数额为基础，以屋内物品、装修损失赔偿金额为补充的和解方案，落实和解资金 2044.5 万元。2020 年 6 月，45 名申请人先后与文化公司签订和解协议，并撤回监督申请，检察机关作出终结审查决定，127 件行政诉讼系列案件得以一并化解。

促进社会治理。检察机关通过审查该系列案件，发现镇政府在本案处理过程中存在执法不规范、缺乏工作合力、方式方法单一等问题，既不利于地区经济发展和政府良好形象的塑造，也容易形成矛盾风险，影响社会和谐稳定。检察机关向镇政府发出检察建议，建议其提升行政管理能力，健全执法全过程记录制度，进一步创新群众工作思路方法，努力提升执法服务水平。收到检察机关检察建议后，镇政府高度重视，立即召开会议研究并部署落实整改，2020 年 12 月 27 日向北京市人民检察院第一分院反馈了整改情况。

| 指导意义 |

（一）人民检察院办理行政诉讼监督系列案件，应当把行政争议实质性化解作为“监督权力”与“保障权利”的结合点，促进各方达成和解。涉众型行政诉讼监督案件，申请人人数众多，处理不当可能影响社会大局稳定。检察机关办理行政检察系列案件，应当在查清案件事实、明晰法律关系、厘清是非责任基础上，秉持服务大局、司法为民理念，恪守客观公正立场，依托基层政府搭建各方磋商平台，畅通群众表达渠道，回应当事人诉求，促进各方在合法合理范围内实现和解。

（二）人民检察院办理与民事纠纷相互交织的行政诉讼监督案件，应当加强分析研判，通过推动民事纠纷的解决促进行政争议一并化解。2014 年修改的行政诉讼法增设了在行政诉讼中一并审理民事争议的制度，在涉及行政许可、登记、征收、征用和行政机关对民事争议所作的裁决的行政诉讼中，当事人申请一并解决相关民事争议的，人民法院可以一并审理，有利于减轻当事人讼累,提高司法效率。检察机关办理涉民事纠纷的行政检察案件,通过查明行政争议背后的民事法律关系,分析申请人的真实诉求,综合研判民事纠纷解决对行政争议解决的作用,促使双方当事人达成民事和解,进而推动民事纠纷行政争议一并化解。

|相关规定|

《中华人民共和国行政诉讼法》第九十一条、第九十三条

《中华人民共和国人民检察院组织法》第二十一条

《人民检察院行政诉讼监督规则(试行)》第十三条、第二十条

《人民检察院检察建议工作规定》第十一条

检例 第 121 号

姚某诉福建省某县民政局撤销婚姻登记检察监督案

关键词　行政争议实质性化解　超过起诉期限　调查核实　公开听证　撤销冒名婚姻登记　刑事立案监督

| 要旨 |

人民检察院对于人民法院以超过起诉期限为由不予立案或者驳回起诉，当事人通过诉讼途径未能实现正当诉求的行政案件，应当发挥法律监督职能，通过促进行政机关依法履职，维护当事人合法权益。人民检察院办理行政诉讼监督案件，应当综合运用调查核实、公开听证、专家论证、检察建议、司法救助等多种方式，促进行政争议实质性化解。人民检察院办理婚姻登记行政诉讼监督案件，对确属冒名婚姻登记的应当建议民政部门依法撤销，发现有关个人涉嫌犯罪的，应当依法监督有关部门立案侦查。

| 基本案情 |

2013 年 12 月 11 日，一女子使用广西"莫某某"的姓名和身份证明与姚某登记结婚，并收取礼金7万余元。登记次日，该女子失踪。姚某向福建省某县民政局申请撤销婚姻登记，民政局认为根据法律规定只有受胁迫登记的才予以撤销，但姚某与“莫某某”的婚姻登记不存在胁迫情形，故未予受理。2019年5月24日，姚某向广西壮族自治区某县人民法院提起离婚诉讼，人民法院经审理查明，莫某某于2010年7月26日已与戚某登记结婚，该莫某某非2013年与姚某登记结婚的“莫某某”，在人民法院释明后，姚某撤回起诉。2019年8月21日，姚某再次向广西壮族自治区某县人民法院提起诉讼，要求宣告其与“莫某某”的婚姻无效。莫某某本人出庭应诉，经人民法院审理查明，结婚证照片上的女子并非该莫某某，莫某某并未与姚某办理结婚登记，故姚某的诉讼请求没有事实依据，人民法院遂裁定驳回姚某的起诉。

2020年1月3日，姚某向人民法院提起行政诉讼，请求撤销某县民政局于2013年12月颁发的结婚证。法院审查后认为，该结婚证系2013年12月11日登记颁发，姚某于2020年1月3日就此提起诉讼，已逾5年起诉期限，不符合立案条件，依法裁定不予立案。姚某不服，随后向某市中级人民法院提起上诉、向福建省高级人民法院申请再审，均未获得支持。

|检察机关履职情况|

案件来源。2020年7月，姚某向福建省某市人民检察院申请监督，检察机关初步审查后认为，姚某的起诉确已超过起诉期限，人民法院裁定不予立案并无不当，但姚某要求撤销婚姻登记诉求合法合理，提起民事诉讼、行政诉讼均未获人民法院裁判支持，行政机关又表示无权主动撤销，姚某的正当诉求无法通过其他途径实现，检察机关决定对此案开展行政争议实质性化解。

调查核实。为查明案涉婚姻是否应当被撤销，检察机关重点围绕案涉婚姻是否存在冒名登记开展调查核实。一是向某县民政局调取《婚姻登记档案》及婚姻登记信息等材料，查明与姚某登记合影照片中的“莫某某”与身份证上的莫某某长相出入较大。且“莫某某”名下共有5次婚姻登记信息同时存续，依次在广西、浙江、山西、福建、安徽五省份。二是多次询问姚某及相关证人了解案情和诉讼过程，初步查明“莫某某”收取姚某7万元彩礼，冒用他人身份登记结婚并于次日出走等事实。三是福建省三级检察机关组成办案组赴山西跨省开展调查，走访多个相关单位和当事人，查明“莫某某”在山西省某县婚姻登记档案材料中的签名及照片与在福建省某县民政局办理婚姻登记的“莫某某”高度相似；山西某县同“莫某某”办理结婚登记的张某陈述其亦受骗并曾向公安机关报案。检察机关同时查明，姚某撤销婚姻登记的诉求持续7年未能得到解决，致使姚某不能与未婚妻登记结婚，两个子女难以落户就学。

公开听证与专家论证。为进一步厘清案件事实、统一认识分歧，检察机关决定进行公开听证。2020年9月16日，检察机关邀请人大代表、政协委员、法学专家、政府法律顾问等参与公开听证。听证会重点围绕县民政局是否应当撤销姚某的婚姻登记展开，姚某和行政机关发表了意见，听证员对案涉有关问题进行询问并发表评议意见，多数意见认为县民政局应主动撤销婚姻登记。针对“冒名登记婚姻”应否撤销的法律适用问题，检察机关又邀请法学专家召开论证会。与会专家认为，1994年《婚姻登记管理条例》规定，婚姻登记机关发现申请婚姻登记的当事人弄虚作假、骗取婚姻登记的，应当撤销婚姻登记，并宣布婚姻无效。虽然此后颁布的《中华人民共和国婚姻法》（2001年）和《中华人民共和国民法典》均未再将“冒名结婚”“假结婚”等明确规定为当事人可请求撤销婚姻的情形，但在检察机关充分调查核实认定骗婚事实的基础上，民政部门主动纠正错误的颁证行为符合立法精神。

监督意见。检察机关认为，根据《中华人民共和国婚姻法》第八条、《婚姻登记条例》第七条的规定，进行结婚登记的，男女双方必须亲自到婚姻登记机关进行结婚登记，婚姻登记机关应当对申请结婚登记当事人出具的证件、证明材料进行审查并询问相关情况，对于当事人符合结婚条件的，予以登记，发给结婚证。县民政局在“莫某某”系冒名的情况下为其与姚某办理结婚登记，缺乏婚姻登记的合法要件。基于已查明的事实，婚姻登记行为存在错误且对姚某造成重大影响，县民政局应予以纠正。2020年9月1日，检察机关向县民政局发出检察建议，建议其重新审查姚某的婚姻登记程序，并及时作出相关处理决定。针对“莫某某”冒用他人身份证明结婚、骗取财物涉嫌犯罪的行为，福建省某县人民检察院启动立案监督程序,通知县公安局依法立案侦查。目前"莫某某"已被抓获,该案正在侦办中。

争议化解。2020年10月10日,某县民政局注销了姚某与"莫某某"的婚姻登记,姚某的诉求得以实现,持续7年的行政争议得到实质性化解。同年10月14日,某县民政局为姚某和其未婚妻岳某某办理了婚姻登记。鉴于因撤销婚姻登记一案,姚某长期奔波申诉,生活陷入困境,某县人民检察院决定给予姚某司法救助4万元,并帮助姚某解决子女就学等实际困难。

|指导意义|

(一)对于因超过起诉期限被人民法院裁定不予立案或者驳回起诉,当事人通过诉讼途径难以维护合法权益的案件,检察机关应当发挥法律监督职能,促进行政争议实质性化解。人民法院以超过法定起诉期限裁定不予立案或者驳回起诉并无不当的行政案件,并不意味着被诉行政行为当然合法。对这类案件,检察机关不能简单作出不支持监督申请决定,而应当从促进依法行政、推动行政争议实质性化解的角度,进一步审查行政行为的合法性,通过检察建议的方式,督促行政机关依法履行职责,保护公民合法权利,解决好群众身边的操心事、烦心事、揪心事。

(二)人民检察院办理行政诉讼监督案件,应当加大调查核实、公开听证、专家论证、司法救助力度,促进行政争议实质性化解。不少行政争议持续时间长、当事人双方矛盾深。化解行政争议应当以精准化为导向,加强精细化审查,通过调查核实、公开听证等方式查明案件事实,辨明是非,为化解争议奠定基础。针对法律适用的争议,可以邀请专家参与分析论证,统一法律适用分歧。对于行政行为存在违法或瑕疵的,应当有针对性地提出检察建议,促使行政争议从根本上解决。对于当事人因多年诉讼确有生活困难,符合司法救助条件的,检察机关应积极协调司法救助,纾解当事人的生活窘困,体现司法温暖,促进社会和谐。

(三)人民检察院办理婚姻登记行政诉讼监督案件,对确属冒名婚姻登记的应当建议民政部门依法撤销,发现有关个人涉嫌犯罪的,应当依法监督公安机关立案侦查。《中华人民共和国婚姻法》及《中华人民共和国民法典》未规定冒名登记结婚、假结婚可撤销情形，但结婚自愿是婚姻法的最基本原则，提供虚假身份信息的一方当事人不具备缔结婚姻的真实意思表示，缺乏基本的结婚合意要件。人民检察院办理婚姻登记行政诉讼监督案件，经调查核实有证据证明婚姻登记一方当事人确属“骗婚”的，应当建议婚姻登记机关依法撤销婚姻登记。发现涉嫌犯罪的，应当监督公安机关依法立案查处。

| 相关规定 |

《中华人民共和国行政诉讼法》第一条、第十一条

《中华人民共和国检察院组织法》第二十一条

《中华人民共和国刑事诉讼法》第一百一十三条

《中华人民共和国婚姻法》第八条

《婚姻登记条例》第七条

《人民检察院行政诉讼监督规则（试行）》第十三条、第三十四条、第三十六条

《人民检察院检察建议工作规定》第十一条

最高人民检察院

第三十一批指导性案例

检例第122号

李某滨与李某峰财产损害赔偿纠纷支持起诉案

关键词 残疾人权益保障　支持起诉　监护人侵权　协助收集证据

|要旨|

因监护人侵害智力残疾的被监护人财产权,智力残疾人诉请赔偿损失存在障碍而请求支持起诉的,检察机关可以围绕法定起诉条件协助其收集证据,为其起诉维权提供帮助。在支持起诉程序中,检察机关应当依法履行支持起诉职能,保障当事人平等行使诉权。

|基本案情|

李某滨系三级智力残疾人,日常生活由弟弟李某峰照料。2017年1月24日,李某峰以李某滨监护人身份与案外人季某签订房屋买卖协议,将登记在李某滨名下并实际为其所有的一套房屋以130万元价款出售给季某。签约后,售房款130万元转入李某峰银行账户内,房屋所有权变更登记至季某名下。2017年8月23日,李某峰又将该售房款转入其个人名下另一银行账户内。

2018年12月17日，李某峰因肝脏疾病住院治疗。2018年12月24日，李某峰与妻子杨某敏协议离婚，约定夫妻双方共同共有的天津市河西区的房产、所有存款及其他夫妻共同财产全部归杨某敏所有。2019年1月至6月，李某峰陆续将上述130万元售房款转出，用于支付其肝脏移植手术费用。2019年7月，李某峰病逝。2019年10月，李某峰之女李某将李某峰银行账户内204519.33元返还给李某滨、李某峰姐姐李某光，剩余售房款未返还。

2020年1月13日，天津市河西区人民法院（以下简称河西区法院）作出一审民事判决，认定李某滨为限制民事行为能力人，指定李某光为李某滨的监护人。后李某光向李某峰前妻杨某敏、女儿李某追索未返还的售房款未果。2020年1月21日，李某滨向河西区法院提起民事诉讼，请求判令杨某敏、李某赔偿损失。因售房由原监护人李某峰实施，李某滨不了解售房价款、售房款去向等具体情节，无法提出具体的诉讼请求，河西区法院未予受理。

| 检察机关履职过程 |

受理情况。2020年1月21日，李某滨以其系智力残疾人，无法收集法院受理案件所需证据为由，向天津市河西区人民检察院（以下简称河西区检察院）申请支持起诉，该院审查后予以受理。

审查过程。河西区检察院经向河西区法院了解情况后确认，法院认定李某滨为限制民事行为能力人、李某光为监护人的民事判决已生效。经向天津市规划和自然资源局了解，2017年1月24日，李某峰以李某滨监护人名义与案外人季某签订房屋买卖协议，将李某滨名下房屋以130万元价格出售给季某并办理过户手续。河西区检察院与河西区司法局联系，帮助李某滨聘请法律援助律师，提供无偿法律服务。

支持起诉意见。2020年1月22日，李某滨监护人李某光作为法定代理人再次向河西区法院提起财产损害赔偿诉讼，河西区检察院同日发出支持起诉意见书。检察机关认为，李某滨系三级智力残疾人，属于特殊群体，系支持起诉对象。李某滨名下房产被监护人李某峰售出后，售房款被李某峰私自挪用，李某滨的财产权益受到严重侵害，有权通过民事诉讼程序获得救济，是民事诉讼适格主体。本案有明确被告,具体的诉讼请求和事实、理由,属于人民法院受理民事诉讼的范围和受诉人民法院管辖,符合法定起诉受理条件。

裁判结果。2020 年 1 月 22 日,河西区法院受理李某滨的起诉。2020 年 10 月 21 日,河西区法院作出一审民事判决。法院认定,李某峰将李某滨名下房产出售并将售房款 130 万元私自挪用,其行为构成侵权,造成被监护人李某滨财产损失 1095480. 67 元,应当承担侵权赔偿责任。杨某敏与李某峰原为夫妻关系,于 2018 年 12 月 24 日协议离婚,约定将夫妻共同财产中的天津市河西区的房产和其他夫妻共同财产全部归杨某敏所有,住院治疗费使用出售李某滨房产所得房款支付,属于恶意串通侵害他人财产。杨某敏是侵权行为的受益人,应在受益的财产范围内承担民事责任。据此,该院作出一审判决,判令杨某敏以天津市河西区房产市场价值 1/2 份额为限承担赔偿李某滨 1095480. 67 元的责任。判决生效后,李某滨已于 2020 年 12 月 17 日收到判决确定给付的全部款项。

|指导意义|

(一)依法履行支持起诉职能,保障残疾人等特殊群体平等行使诉权。《中华人民共和国民事诉讼法》第十五条规定:"机关、社会团体、企业事业单位对损害国家、集体或者个人民事权益的行为,可以支持受损害的单位或者个人向人民法院起诉。"支持起诉的要义是支持受损害的单位或者个人起诉,特别是支持特殊群体能够通过行使诉权获得救济,保障双方当事人诉权实质平等。适用条件上,检察机关支持起诉原则上以有关行政机关、社会团体等部门履职后仍未实现最低维权目标为前提条件。在支持起诉程序中,检察机关应当秉持客观公正立场,遵循自愿原则、处分原则、诉权平等原则等民事诉讼基本原则,避免造成诉权失衡;可以综合运用提供法律咨询、协助收集证据、提出支持起诉意见、协调提供法律援助等方式为残疾人等特殊群体起诉维权提供帮助。支持起诉并非代替当事人行使诉权,检察机关不能独立启动诉讼程序。除有涉及国家利益、社会公共利益等重大影响的案件外,检察机关一般不出席法庭;出庭时可以宣读支持起诉意见书,但不参与举证、质证等其他庭审活动;

当事人撤回起诉的，支持起诉程序自行终结，检察机关无须撤回支持起诉意见。

（二）被监护人的财产权受到监护人侵害，人民法院以诉讼请求不具体为由未予受理的，检察机关可以依申请支持其起诉。监护人应当履行法定职责，保护被监护人的人身权和财产权不受侵害。监护人擅自出售被监护人名下房产用于个人医疗、购房等个人支出，侵害被监护人财产权益的，被监护人有权请求监护人赔偿损失。客观上，智力残疾人等被监护人诉讼能力偏弱，在其权利受到侵害时，难以凭个人之力通过民事诉讼程序获得救济。检察机关对于履职过程中发现的残疾人合法权益受到侵害的线索，应当先行督促残疾人联合会、残疾人居住地的居民委员会、村民委员会等社会团体、自治组织为残疾人维权提供法律帮助。残疾人径行向人民法院起诉的，应当告知其有权申请法律援助。认知能力低下的残疾人因财产权受到侵害提起损害赔偿诉讼，人民法院未告知其有权申请法律援助，以其诉讼请求不具体为由未予受理的，在尊重其真实意愿的前提下，检察机关可以依申请支持起诉，帮助其获得法律救济。

（三）综合运用协助收集证据、协调提供法律援助等方式，为智力残疾人起诉维权提供帮助。依照民事诉讼法相关规定，原告起诉必须符合法定条件。智力残疾人作为限制行为能力人虽然可以实施与其智力、精神状况相适应的民事法律行为，但难以独立、充分围绕法定起诉条件收集证据，提出诉讼请求。在支持起诉程序中，检察机关可以通过提供法律咨询，加强释法说理，引导智力残疾人自行收集证据；智力残疾人无法自行收集的，检察机关可以依法协助其收集确定当事人具体诉讼请求、证明原被告与案件争议事实存在关联并符合起诉条件的相应证据。检察机关可以与司法行政部门协调，为智力残疾人提供法律援助，由法律援助人员作为智力残疾人的委托代理人参加诉讼。

| 相关规定 |

《中华人民共和国民事诉讼法》第十五条、第一百一十九条

《中华人民共和国残疾人保障法》第九条、第六十条

检例 第 123 号

胡某祥、万某妹与胡某平赡养纠纷支持起诉案

关键词 老年人权益保障 支持起诉 不履行赡养义务 多元化解机制

|要旨|

老年人依法起诉要求成年子女履行赡养义务,但是缺乏起诉维权能力的,检察机关可以依老年人提出的申请,支持其起诉维权。支持起诉的检察机关可以运用多元化解纠纷机制,修复受损家庭关系。案件办结后,可以开展案件回访,巩固办案效果。

|基本案情|

胡某祥、万某妹系夫妻。胡某祥现年 84 岁,基本丧失劳动能力。万某妹现年 75 岁,2019 年 7 月因出血性脑梗死、高血压、糖尿病等先后住院两次,丧失自理能力。胡某祥、万某妹夫妇育有五名子女且均已成家,其中长女胡某玉患有精神疾病无赡养能力,次子胡某平有赡养能力但拒绝赡养父母,其余三子女不同程度地承担赡养义务。胡某祥、万某妹夫妻每月收入不足 1400 元,无

力支付医疗费、护理费，生活陷入困境。

检察机关履职过程

受理情况。2019年12月17日，胡某祥、万某妹夫妇因次子胡某平不履行赡养义务，生活陷入困境，就起诉维权事宜向江西省南昌市青山湖区罗家镇司法所申请法律援助，并向江西省南昌市青山湖区人民检察院（以下简称青山湖区检察院）申请支持起诉，该院审查后予以受理。

审查过程。青山湖区检察院经询问当事人、实地走访等了解到，胡某祥、万某妹夫妇生活基本不能自理，次子胡某平以其父母不抚养孙辈、财产分配不均等为由拒不分担老人医疗费、护理费，经村民委员会调解未果。考虑到本案系家事纠纷，应联合司法所、村民委员会等引导调处缓解家庭矛盾，青山湖区检察院开展一系列有针对性的矛盾化解工作。一是主动约谈胡某平夫妇，向其宣讲老年人权益保障法等相关法律，阐明拒绝赡养老人的法律后果；二是主动邀请胡某平亲戚邻居参与矛盾化解，帮助胡某平夫妇认识到拒绝赡养老人带来的亲情损害，与社会主义核心价值观相悖。经多次调解，胡某平夫妇对父母的态度发生较大变化，愿意花钱请人护理，但其同意承担的费用与客观需要尚有一定差距，无法达成和解协议。

支持起诉意见。2019年12月23日，胡某祥、万某妹向江西省南昌市青山湖区人民法院（以下简称青山湖区法院）提起诉讼，青山湖区检察院同日发出支持起诉意见书。检察机关认为，敬老爱老自古以来就是中华民族的传统美德。成年子女应当履行对父母经济供养、生活照料和精神慰藉的赡养义务，使患病的父母及时得到治疗和护理。胡某平作为胡某祥、万某妹之子，拒不履行赡养义务，有违法律规定。

裁判结果。青山湖区法院受理本案后，青山湖区检察院主动就前期矛盾纠纷化解情况与法院沟通，配合开展调解工作。在法院、检察院、派出所、司法所等共同努力下，当事人达成调解协议。2019年12月26日，青山湖区法院作出民事调解书：一、胡某祥、万某妹的生活费由其自理，子女胡会某、胡和某、胡某包及胡某平每月按顺序轮流负责护理父母胡某祥、万某妹，胡某平支付相应的护理费;二、胡某祥、万某妹的医疗费用由子女胡某平、胡某包各负担一半。

本案办结后,青山湖区检察院与青山湖区法院会签《关于加强民事支持起诉工作的协作意见》、与江西省南昌市青山湖区司法局会签《关于建立支持起诉和法律援助工作联系机制的规定》。青山湖区检察院联合当地村委会,开展“送法进乡村”活动,结合本案及其他相关案例开展普法宣传,教育引导村民知法守法,促进村风改善和乡村治理。2020 年 12 月 30 日,青山湖区检察院联合法院、妇联、民政局、司法所以及村委会等相关单位,再次回访了胡某祥、万某妹夫妇。胡某祥反映,其子胡某平不仅及时给付医药费、护理费,还经常上门探望。胡某祥对检察机关等单位帮助修复受损家庭关系,实现家庭和睦,表示衷心感谢。

| 指导意义 |

(一)运用多元化解纠纷机制,修复受损家庭关系。支持老年人追索赡养费案件,属于家事纠纷,要把化解矛盾、消除对立、修复受损家庭关系作为价值追求,坚持和发展新时代“枫桥经验”,将多元化解纠纷机制贯穿于支持起诉工作始终。要与司法行政机关、村委会、居委会基层群众性自治组织及人民调解组织等紧密合作,找准纠纷症结所在,做实做深矛盾化解工作,促使当事人达成和解协议。当事人未能达成和解协议诉至人民法院的,积极配合人民法院开展诉讼调解工作。通过人民调解、诉讼调解,最大限度地修复受损的家庭关系,树立优良家风,弘扬家庭美德。

(二)老年人缺乏起诉维权能力的,检察机关可以支持老年人起诉。百善孝为先。让老年人老有所养、老有所依是践行社会主义核心价值观的必然要求,是弘扬家庭美德的主要途径。成年子女不履行赡养义务的,缺乏劳动能力或者生活困难的父母有权要求成年子女给付赡养费。维护保障老年人合法权益是全社会的共同责任,县级以上人民政府负责老龄工作的机构,负责组织、协调、指导、督促有关部门做好老年人权益保障工作。基层群众性自治组织和依法设立的老年人组织亦负有维护老年人合法权益,为老年人服务的职责。

检察机关履职中发现老年人合法权益受到侵害的，应当先行联系政府有关部门、基层群众性组织等为老年人维权提供帮助。老年人因年龄、身体、文化等原因不能独立提起诉讼追索赡养费而陷入生活困境的，其维权获得帮助后尚未解困的，检察机关可以支持老年人起诉，帮助老年人行使诉权，维护老年人的合法权益。

（三）积极开展案件回访，巩固办案效果。赡养包括经济帮助与亲情慰藉，缺一不可。新矛盾、新问题的出现可能造成修复的家庭关系再次破裂。办理此类案件，不能一诉了之，而要持续关注并巩固办案效果。灵活采取电话回访、实地回访、联合回访等形式，跟踪了解生效裁判执行情况和家庭关系现状，及时化解新矛盾、解决新问题。

相关规定

《中华人民共和国民事诉讼法》第十五条

《中华人民共和国民法总则》第二十六条第二款

《中华人民共和国老年人权益保障法》第十四条、第十五条第一款、第十九条第二款

检例第124号

孙某宽等78人与某农业公司追索劳动报酬纠纷支持起诉案

关键词 进城务工人员权益保障 支持起诉 追索劳动报酬 服务保障企业发展

|要旨|

劳动报酬是进城务工人员维持生计的基本保障,用人单位未按照国家规定和劳动合同约定及时足额支付劳动报酬的,检察机关应当因案制宜,通过督促人力资源社会保障等单位履职尽责、支持起诉、移送拒不支付劳动报酬罪线索等方式保障进城务工人员获得劳动报酬。

|基本案情|

某农业公司负责温州市某现代农业园项目运营,招聘孙某宽等78名进城务工人员从事日常生产经营,但双方未签订劳动合同。2016年3月,某农业公司资金周转困难,至2017年11月共拖欠78名进城务工人员工资128.324万元。2018年1月初,78名进城务工人员仍未能领到拖欠的工资,多次到有关部门上访。

丨检察机关履职过程丨

受理情况。2018 年 1 月，浙江省温州市龙湾区人民检察院（以下简称龙湾区检察院）在参与人力资源社会保障部门开展的进城务工人员讨薪专项监督活动中，发现某农业公司存在拖欠众多进城务工人员工资的线索。该院及时与人力资源社会保障、财政等部门共同努力，协调动用应急周转金 50 万元，为 78 名进城务工人员垫付部分工资。2018 年 4 月 11 日，孙某宽等 78 名进城务工人员向龙湾区检察院申请支持起诉，请求检察机关为其起诉讨薪提供法律帮助。该院审查后予以受理。

审查过程。龙湾区检察院查明：经某农业公司与 78 名进城务工人员共同确认，2016 年 3 月至 2017 年 11 月间，欠薪金额总计 128.324 万元。在前期开展矛盾化解工作的基础上，龙湾区检察院继续与 78 名进城务工人员、某农业公司沟通交流，引导双方当事人达成和解协议，但因某农业公司资金周转暂时困难未果。

支持起诉意见。2018 年 4 月 20 日，孙某宽等 78 人向浙江省温州市龙湾区人民法院（以下简称龙湾区法院）提起诉讼，龙湾区检察院同日发出支持起诉意见书。检察机关认为，某农业公司长期拖欠众多进城务工人员劳动报酬总计 128.324 万元，进城务工人员作为支持起诉申请人请求某农业公司支付劳动报酬，事实清楚，证据充分，孙某宽等 78 人提起的诉讼应予受理。

裁判结果。2018 年 4 月 20 日，龙湾区法院受理孙某宽等 78 人的起诉。庭审前，检察机关认为，某农业公司系有发展潜力的企业，资金暂时周转困难，且有关单位已动用应急周转金垫付部分拖欠的劳动报酬，建议法院主持双方调解。在龙湾区法院、检察院共同努力下，当事人达成调解协议。2018 年 4 月 27 日，龙湾区法院出具调解书，确认某农业公司于 2018 年 5 月 27 日前支付所欠孙某宽等 78 人的工资（扣除已领取的垫付金额）。某农业公司现已履行调解书确定的给付义务，经营状况良好。有关单位与某农业公司就 50 万元垫付款的后续处理已达成协议。

|指导意义|

(一)因案制宜,妥善解决欠薪问题。进城务工人员享有按时足额获得劳动报酬的权利。人力资源社会保障部门负有组织实施劳动保障监察、协调劳动者维权工作,依法查处涉劳动保障重大案件的职责。检察机关履职中发现拖欠劳动报酬线索的,应当甄别是否属于恶意欠薪。对于恶意欠薪,可能涉嫌拒不支付劳动报酬罪的,应当将犯罪线索移送公安机关立案审查。对于欠薪行为未构成犯罪的,可以协调人力资源社会保障部门履职尽责。对人力资源社会保障等职能部门履职后仍未能获得劳动报酬的,检察机关应当在尊重进城务工人员意愿的前提下,依法支持其起诉维权。

(二)依法履职,切实保护劳动者的合法权益。劳动报酬是进城务工人员维持生计的基本保障。根治进城务工人员欠薪问题,关乎进城务工人员切身利益,关乎社会和谐稳定。进城务工人员多在建筑、餐饮、快递等行业就业,因相关市场不规范、未签订劳动合同、法律知识欠缺等原因,部分进城务工人员起诉讨薪往往会遇到诸如确定用工主体难、明确诉讼请求难等问题。对经政府主管部门协调后仍未能获得劳动报酬的进城务工人员,检察机关应当及时通过提供法律咨询、协助收集证据等方式支持进城务工人员追索劳动报酬,维护其合法权益,促进社会和谐稳定。

(三)加强配合,保障进城务工人员获得劳动报酬的同时,服务保障企业发展。对于企业因经营管理、政策调整、市场变化等因素暂时无力支付进城务工人员工资的情形,可以运用多元化解纠纷机制,做好矛盾化解工作,引导进城务工人员与企业共渡难关。同时,加强与人力资源社会保障、财政、街道等单位协作配合,在为进城务工人员提供基本生活保障的前提下,为企业恢复正常经营提供缓冲期,服务保障企业发展。

|相关规定|

《中华人民共和国民事诉讼法》第十五条

《中华人民共和国劳动法》第三条

《中华人民共和国劳动合同法》第三十条

检例 第 125 号

安某民等 80 人与某环境公司确认劳动关系纠纷支持起诉案

关键词　劳动者权益保障　支持起诉　确认劳动关系　社会保险

|要旨|

劳动者要求用人单位补办社保登记、补缴社会保险费未果的，检察机关可以协助收集证据、提出支持起诉意见，支持劳动者起诉确认劳动关系，为其办理社保登记、补缴社会保险费提供帮助。

|基本案情|

安某民等 80 人自 2003 年起先后在南京市某环卫所（系事业单位，以下简称某环卫所）从事环卫工作。双方未订立劳动合同，也未办理社保登记、缴纳社会保险费。2012 年 11 月，某环卫所改制转企为某环境公司。安某民等 80 人继续在某环境公司工作，但仍未订立劳动合同。2018 年，安某民等 80 人多次向某环境公司提出补办社保登记手续、补缴入职以来社会保险费等诉求未果。2020 年 3 月 16 日，安某民等 80 人向劳动争议仲裁机构申请确认与某环境公司之间存在劳动关系。劳动争议仲裁机构以劳动者未提交与某环境公司存在劳动关系的初步证据为由未予受理。2020 年 3 月 31 日，安某民等 80 人诉至江苏省南京市玄武区人民法院（以下简称玄武区法院），请求确认与某环境公司存在劳动关系。

检察机关履职过程

受理情况。2020 年 4 月 20 日，安某民等 80 人因无法收集某环境公司改制的证据等原因，向江苏省南京市玄武区人民检察院（以下简称玄武区检察院）申请支持起诉，请求检察机关为其维权提供法律帮助，该院审查后予以受理。

审查过程。玄武区检察院从南京市玄武区城管局调取了某环卫所改制的相关文件，证明用人单位的沿革及 80 人事实劳动关系的承继，该证据与确认劳动关系及劳动者的工作年限密切相关。从相关街道办事处和某环境公司调取了某环卫所改制前后的工资发放签名表，证明安某民等 80 人与某环境公司存在劳动关系。经询问当事人、走访了解，玄武区检察院查明：安某民等 80 人在某环卫所从事环卫工作均已超过 10 年。某环卫所改制转企后，安某民等 80 人向某环境公司提出补办社保登记、补缴社会保险费未果而形成群体性诉求。经梳理相关证据材料、逐人逐项核对，某环境公司需补缴安某民等 80 人社会保险费共计 400 余万元。

支持起诉意见。2020 年 4 月 27 日，玄武区检察院分别向玄武区法院发出支持起诉意见书。检察机关认为，劳动者的合法权益受法律保护。安某民等 80 名劳动者与某环卫所存在事实劳动关系。某环卫所改制后，某环境公司承继其权利义务并延续与安某民等 80 人的劳动关系。安某民等 80 人提出的诉讼请求具有事实和法律依据。

裁判结果。玄武区法院一审审理中，玄武区检察院派员到庭宣读支持起诉意见书。2020 年 9 月，玄武区法院作出一审民事判决。法院认定，用人单位自用工之日起即与劳动者建立劳动关系。安某民等人在某环卫所从事环卫工作，即与该所建立劳动关系。后某环卫所改制转企，相应的权利义务应由某环境公司承继。遂确认安某民等人与某环境公司存在劳动关系。一审判决生效后，社保部门为安某民等人补办了社保登记手续。玄武区检察院积极协调有关行政部门和用人单位确定社会保险费筹集方案并促成资金落实到位。后社保部门分别为 75 名环卫工人办理了补缴社会保险费手续。

指导意义

（一）劳动者提出补办社保登记、补缴社会保险费未果的，检察机关可以支持其起诉确认劳动关系，为其补办社保登记、补缴社会保险费提供帮助。国家建立基本养老保险、基本医疗保险等社会保险制度，保障劳动者在年老、患病、工伤、失业等情况下依法从国家和社会获得物质帮助的权利。用人单位应当依法为劳动者办理社会保险。实践中，部分用人单位未办理社保登记、未足额缴纳社会保险费，侵害了劳动者合法权益，使得劳动者难以实现老有所养、老有所医。检察机关履职中发现用人单位未依规为职工办理社会保险登记、未足额缴纳社会保险费的，应当先行协调政府责任部门履职尽责。经相关责任部门处理后仍未实现最低维权目标的，依照现行法律规定，劳动者诉请用人单位补办社保登记、补缴社会保险费存在客观障碍的，检察机关可依劳动者申请支持起诉确认劳动关系。人民法院确认劳动关系的生效裁判，可以作为办理社保登记、补缴社会保险费的依据。

（二）协助劳动者收集证据，为其起诉维权提供帮助。依照民事诉讼法相关规定，人民法院立案后发现不符合起诉条件的，裁定驳回原告的起诉。据此，因无法独立、充分地围绕法定起诉条件收集证据，劳动者在诉讼中可能丧失司法救济的机会。检察机关在诉讼中可依申请围绕法定起诉条件协助劳动者补充相关证据。一是协助收集被告身份的完整信息，比如用人单位变更材料、改制文件等。二是协助收集与具体诉讼请求和事实相关的起诉必备证据。比如，完整的工资支付凭证或者记录、工作证、招工招聘登记表、考勤表等。检察机关支持起诉的目的是保障劳动者实现诉权平等，而非代替劳动者行使诉权，检察机关不能独立启动诉讼程序。对于具有重大社会意义或者法律意义的案件，经商人民法院，检察机关可以出庭宣读支持起诉意见书。

|相关规定|

《中华人民共和国民事诉讼法》第十五条

《中华人民共和国劳动合同法》第七条、第三十四条

《中华人民共和国劳动法》第七十条、第七十三条

《中华人民共和国劳动争议调解仲裁法》第二条、第五条

检例 第126号

张某云与张某森离婚纠纷支持起诉案

关键词 妇女权益保障 支持起诉 反家庭暴力 尊重家暴受害人真实意愿

|要旨|

反家庭暴力是国家、社会和每个家庭的共同责任,检察机关应当加强与公安机关、人民法院、工会、共产主义青年团、妇女联合会、残疾人联合会、居民委员会、村民委员会等单位、组织的协作配合,形成维护家庭暴力受害人合法权益的合力。在充分尊重家庭暴力受害人真实意愿的前提下,对惧于家庭暴力不敢起诉,未获得妇女联合会等单位帮助的,检察机关可依申请支持家庭暴力受害人起诉维权。

|基本案情|

2006年3月9日,张某云与张某森登记结婚。2019年6月,因张某森实施家庭暴力,张某云起诉离婚。河北省武邑县人民法院(以下简称武邑县法院)审理后认定,夫妻双方结婚十余年,因家庭琐事发生纠纷,夫妻关系不睦,但夫妻感情尚未破裂;虽然张某云提交因遭受家庭暴力受伤的照片,但未能提供充分证据证实达到婚姻法规定的“家庭暴力”并导致夫妻感情确已破裂的程度,考虑到双方婚后育有两个子女,且尚未成年,父母离婚往往会对孩子成长产生不利影响,为顾及双方子女利益,家庭关系稳定,社会和谐,判决不准张某云与张某森离婚。一审判决生效后,张某森与张某云继续分居。张某森仍时常殴打、恐吓张某云,导致张某云无法正常生活,夫妻关系并未改善,反而更加恶化。

|检察机关履职过程|

受理情况。2020 年 4 月 12 日,张某云以遭受家庭暴力请求离婚为由向河北省武邑县司法局申请法律援助。在该局指引下,张某云向河北省武邑县人民检察院(以下简称武邑县检察院)申请支持起诉,该院审查后予以受理。

审查过程。武邑县检察院通过询问张某云,查阅张某云母亲王某同报案材料、派出所出警记录、张某云伤情照片、微信聊天记录等调查核实工作,查明:张某森对张某云多次实施殴打,造成张某云面部、颈部多处淤青、眼球充血;张某森还对张某云实施经常性恐吓等精神强制,致使张某云在第一次离婚诉讼时不敢出庭。武邑县检察院对张某云进行心理疏导,引导其走出心理阴影;向其宣讲反家庭暴力法等相关法律规定,鼓励其敢于向家庭暴力说不,勇于维护自身合法权益。

支持起诉意见。2020 年 4 月 16 日,张某云再次向武邑县法院提起离婚诉讼,武邑县检察院同日发出支持起诉意见书。检察机关认为,张某云长期遭受家庭暴力,系家暴受害妇女,其合法权益依法应得到保护,根据《中华人民共和国民事诉讼法》第十五条之规定,可以支持其向人民法院起诉离婚。

裁判结果。2020 年 4 月 16 日,武邑县法院受理张某云的起诉。2020 年 5 月 28 日,武邑县法院作出一审民事判决,认定张某云遭受家庭暴力的事实,认为夫妻感情确已破裂,准予张某云与张某森离婚。一审判决后,张某森提出上诉。2020 年 7 月 15 日,河北省衡水市中级人民法院作出民事调解书,双方当事人同意离婚,并就子女抚养、夫妻共同财产分割等达成协议。

|指导意义|

（一）加强协作配合，形成保护家庭暴力受害人的合力。国家禁止任何形式的家庭暴力。“法不入家门”已成为历史，反对家庭暴力不仅是家事，更是国家和全社会的共同责任。《反家庭暴力法》第四条规定，县级以上人民政府有关部门、司法机关、人民团体、社会组织、居民委员会、村民委员会、企事业单位，应当依照本法和有关法律规定，做好反家庭暴力工作。第六条至第十条、第十四条等诸多条款规定司法机关、行政机关、社会团体、群众性自治组织等在反家暴工作中的责任与义务。检察机关履职中发现家暴线索的，应当先行协调相关责任单位履职尽责。检察机关除做好家庭暴力受害人的法律宣讲、心理疏导外，可以与民政部门联系，将家庭暴力受害人安置到救助管理机构或者福利机构提供的临时庇护场所，提供临时生活帮助；可以引导家庭暴力受害人向公安机关报案、向人民法院申请人身保护令，保护其人身安全；对于涉嫌虐待犯罪的，可以引导家庭暴力受害人向人民法院提起刑事自诉追究加害人的刑事及附带民事赔偿责任。

（二）尊重家庭暴力受害人真实意愿，依申请支持其起诉维权。家庭暴力受害人享有婚姻自主权、人身损害赔偿请求权。家庭暴力受害人因害怕本人、父母、子女遭受报复等而不敢起诉维权，在获得妇女联合会等部门帮助下仍未能实现维权目标的，在充分尊重家庭暴力受害人真实意愿的前提下，检察机关可依其申请支持起诉，维护其合法权益。

|相关规定|

《中华人民共和国民事诉讼法》第十五条

《中华人民共和国婚姻法》第三条、四十三条、四十五条、四十六条

《中华人民共和国反家庭暴力法》第二条、第三条

《中华人民共和国妇女权益保障法》第四十六条

最高人民检察院

第三十二批指导性案例

检例第127号

白静贪污违法所得没收案

关键词 违法所得没收 证明标准 鉴定人出庭 举证重点

|要旨|

检察机关提出没收违法所得申请,应有证据证明申请没收的财产直接或者间接来源于犯罪所得,或者能够排除财产合法来源的可能性。人民检察院出席申请没收违法所得案件庭审,应当重点对于申请没收的财产属于违法所得进行举证。对于专业性较强的案件,可以申请鉴定人出庭。

|基本案情|

犯罪嫌疑人白静,男,A 国有银行金融市场部投资中心本币投资处原处长。

利害关系人邢某某,白静亲属。

诉讼代理人牛某,邢某某儿子。

2008 至 2010 年间,白静伙同樊某某(曾任某国有控股的 B 证券公司投资银行事业部固定收益证券总部总经理助理、固定收益证券总部销售交易部总经理等职务,另案处理)等人先后成立了甲公司及乙公司,并在 C 银行股份有限公司为上述两公司开设了资金一般账户和进行银行间债券交易的丙类账户。白静、樊某某利用各自在 A 银行、B 证券公司负责债券买卖业务的职务便利,在 A 银行购入或卖出债券,或者利用 B 证券公司的资质、信用委托其他银行代为购入、经营银行债券过程中,增加交易环节,将白静实际控制的甲公司和乙公司引入交易流程,使上述两公司与 A 银行、B 证券公司进行关联交易,套取 A 银行、B 证券公司的应得利益。通过上述方式对 73 支债券交易进行操纵,甲公司和乙公司在未投入任何资金的情况下,套取国有资金共计人民币 2.06 亿余元。其中,400 余万元由樊某某占有使用,其他大部分资金由白静占有使用,白静使用 1.45 亿余元以全额付款方式购买 9 套房产,登记在自己妻子及其他亲属名下。该 9 套房产被办案机关依法查封。

| 诉讼过程 |

2013 年 9 月 9 日,内蒙古自治区公安厅以涉嫌职务侵占罪对白静立案侦查,查明白静已于 2013 年 7 月 31 日逃匿境外。2013 年 12 月 7 日,内蒙古自治区人民检察院对白静批准逮捕,同年 12 月 17 日国际刑警组织对白静发布红色通报。2019 年 2 月 2 日,内蒙古自治区公安厅将白静涉嫌贪污罪线索移送内蒙古自治区监察委员会,同年 2 月 28 日,内蒙古自治区监察委员会对白静立案调查。同年 5 月 20 日,内蒙古自治区监察委员会向内蒙古自治区人民检察院移送没收违法所得意见书。同年 5 月 24 日,内蒙古自治区人民检察院将案件交由呼和浩特市人民检察院办理。同年 6 月 6 日,呼和浩特市人民检察院向呼和浩特市中级人民法院提出没收违法所得申请。利害关系人及其诉讼代理人在法院公告期间申请参加诉讼,对检察机关没收违法所得申请没有提出异议。2020 年 11 月 13 日,呼和浩特市中级人民法院作出违法所得没收裁定,依法没收白静使用贪污违法所得购买的 9 套房产。

| 检察履职情况 |

(一)提前介入完善主体身份证据,依法妥善处理共同犯罪案件。内蒙古自治区检察机关提前介入白静案时,审查发现证明白静构成贪污罪主体身份的证据不足,而共同犯罪人樊某某已经被呼和浩特市赛罕区人民检察院以职务侵占罪提起公诉。检察机关依法将白静案和樊某某案一并审查,建议内蒙古自治区监察委员会针对二人主体身份进一步补充调取证据。监察机关根据检察机关列出的补充完善证据清单,补充调取了 A 银行党委会议纪要、B 证券公司党政联席会议纪要、任命文件等证据,证明白静与樊某某均系国家工作人员,二人利用职务上的便利侵吞国有资产的共同犯罪行为应当定性为贪污罪。检察机关在与监察机关、公安机关、人民法院就案件新证据和适用程序等问题充分沟通后,依法适用违法所得没收程序申请没收白静贪污犯罪所得,依法对樊某某案变更起诉指控罪名。

(二)严格审查监察机关没收违法所得意见,准确界定申请没收的财产范围。监察机关调查期间依法查封、扣押、冻结了白静亲属名下 11 套房产及部分资金,没收违法所得意见书认定上述财产均来源于白静贪污犯罪所得,建议检察机关依法申请没收。检察机关审查认为,监察机关查封的 9 套房产系以全额付款方式购买,均登记在白静亲属名下,但登记购买人均未出资且对该 9 套房产不知情;9 套房产的购买资金均来源于白静实际控制的甲公司和乙公司银行账户;白静伙同樊某某利用职务便利套取 A 银行和 B 证券公司资金后转入甲公司和乙公司银行账户。根据现有证据,可以认定该 9 套房产来源于白静贪污犯罪所得。

其余 2 套房产,现有证据证明其中 1 套系白静妻兄向白静借钱购买,且事后已将购房款项归还,检察机关认为无法认定该套房产属于白静贪污犯罪所得,不应列入申请没收的财产范围;另 1 套房产由樊某某购买并登记在樊名下,现有证据能够证明购房资金来源于二人贪污犯罪所得,但在樊某某案中处理更为妥当。监察机关冻结、扣押的资金,检察机关审查认为来源不清,且白静夫妇案发前一直在金融单位工作,收入较高,同时使用家庭收入进行了股票等金融类投资,现有证据尚达不到认定高度可能属于白静贪污违法所得的证明标准,不宜列入申请没收范围。监察机关认可上述意见。

(三)申请鉴定人出庭作证,增强庭审举证效果。本案证据繁杂、专业性强，白静贪污犯罪手段隐秘、过程复杂，在看似正常的银行间债券买卖过程中将其所控制公司引入交易流程，通过增加交易环节、控制交易价格，以低买高卖的方式套取A银行、B证券公司应得利益。犯罪行为涉及银行间债券买卖的交易流程、交易策略、交易要素等专业知识，不为普通大众所熟知。2020年10月14日，呼和浩特市中级人民法院公开开庭审理白静贪污违法所得没收案时，检察机关申请鉴定人出庭，就会计鉴定意见内容进行解释说明，对白静操纵债券交易过程和违法资金流向等进行全面分析，有力证明了白静贪污犯罪事实及贪污所得流向，增强了庭审举证效果。

（四）突出庭审举证重点，着重证明申请没收的财产属于违法所得。庭审中，检察机关针对白静有贪污犯罪事实出示相关证据。通过出示任职文件、会议纪要等证据，证明白静符合贪污罪主体要件；运用多媒体分类示证方式，分步骤展示白静对债券交易的操纵过程，证明其利用职务便利实施了贪污犯罪。对申请没收的9套房产属于白静贪污违法所得进行重点举证。出示购房合同、房产登记信息等书证及登记购买人证言，证明申请没收的9套房产系以全额付款方式购买，但登记购买人对房产不知情且未出资；出示委托付款书、付款凭证等书证，证明申请没收的9套房产的购买资金全部来源于白静控制的甲公司和乙公司银行账户；出示银行开户资料、银行流水等书证，相关证人证言，另案被告人樊某某供述及鉴定意见，并申请鉴定人出庭对鉴定意见进行说明，证明甲公司和乙公司银行账户的资金高度可能属于白静套取的A银行和B证券公司的国有资金，且部分用于购买房产等消费；出示查封、扣押通知书、接收协助执行法律文书登记表等书证，证明申请没收的9套房产已全部被监察机关依法查封。利害关系人及其诉讼代理人对检察机关出示的证据未提出异议。人民法院采信上述证据，依法裁定没收白静使用贪污违法所得购买的9套房产。

| 指导意义 |

（一）准确把握认定违法所得的证明标准，依法提出没收申请。检察机关提出没收违法所得申请，应当有证据证明有犯罪事实。除因犯罪嫌疑人、被告人逃匿无法收集的证据外,其他能够证明犯罪事实的证据都应当收集在案。在案证据应能够证明申请没收的财产具有高度可能系直接或者间接来源于违法所得或者系犯罪嫌疑人、被告人非法持有的违禁品、供犯罪所用的本人财物。对于在案证据无法证明部分财产系犯罪嫌疑人、被告人违法所得及其他涉案财产的,则不应列入申请没收的财产范围。

(二)证明申请没收的财产属于违法所得,是检察机关庭审举证的重点。人民法院开庭审理申请没收违法所得案件,人民检察院应当派员出席法庭承担举证责任。针对犯罪嫌疑人、被告人实施了法律规定的重大犯罪出示相关证据后,应当着重针对申请没收的财产属于违法所得进行举证。对于涉及金融证券类等重大复杂、专业性强的案件,检察机关可以申请人民法院通知鉴定人出庭作证,以增强证明效果。

|相关规定|

《中华人民共和国监察法》第四十八条

《中华人民共和国刑法》第三百八十二条第一款

《中华人民共和国刑事诉讼法》第二百九十八条、第二百九十九条、第三百条

《人民检察院刑事诉讼规则》第十二章第四节

《最高人民法院、最高人民检察院关于适用犯罪嫌疑人、被告人逃匿、死亡案件违法所得没收程序若干问题的规定》第一条至第三条,第五条至第十条,第十三条至第十七条

检例第128号

彭旭峰受贿，贾斯语受贿、洗钱违法所得没收案

关键词　违法所得没收　主犯　洗钱罪　境外财产　国际刑事司法协助

| 要旨 |

对于跨境转移贪污贿赂所得的洗钱犯罪案件，检察机关应当依法适用特别程序追缴贪污贿赂违法所得。对于犯罪嫌疑人、被告人转移至境外的财产，如果有证据证明具有高度可能属于违法所得及其他涉案财产的，可以依法申请予以没收。对于共同犯罪的主犯逃匿境外，其他共同犯罪人已经在境内依照普通刑事诉讼程序处理的案件，应当充分考虑主犯应对全案事实负责以及国际刑事司法协助等因素，依法审慎适用特别程序追缴违法所得。

| 基本案情 |

犯罪嫌疑人彭旭峰，男，某市基础建设投资集团有限公司原党委书记，曾任某市住房和城乡建设委员会副主任、轨道交通集团有限公司党委书记、董事长。

犯罪嫌疑人贾斯语，女，自由职业，彭旭峰妻子。

利害关系人贾某,贾斯语亲属。

利害关系人蔡某,贾斯语亲属。

利害关系人邱某某,北京某国际投资咨询有限公司实际经营者。

另案被告人彭某一,彭旭峰弟弟,已被判刑。

(一)涉嫌受贿犯罪事实

2010至2017年,彭旭峰利用担任某市住房和城乡建设委员会副主任、轨道交通集团有限公司党委书记、董事长等职务上的便利,为有关单位或个人在承揽工程、承租土地及设备采购等事项上谋取利益,单独或者伙同贾斯语及彭某一等人非法收受上述单位或个人给予的财物共计折合人民币2.3亿余元和美元12万元。其中,彭旭峰伙同贾斯语非法收受他人给予的财物共计折合人民币31万余元、美元2万元。

2015至2017年,彭旭峰安排彭某一使用两人共同受贿所得人民币2085万余元,在长沙市购买7套房产。案发后,彭某一出售该7套房产,并向办案机关退缴房款人民币2574万余元。

2015年9月至2016年11月,彭旭峰安排彭某一将两人共同受贿所得人民币4500万元借给邱某某;2016年11月,彭旭峰和彭某一收受他人所送对邱某某人民币3000万元的债权,并收取了315万元利息。上述7500万元债权,邱某某以北京某国际投资咨询有限公司在某商业有限公司的40%股权设定抵押担保。案发后,办案机关冻结了上述股份,并将上述315万元利息予以扣押。

2010至2015年,彭旭峰、贾斯语将收受有关单位或个人所送黄金制品,分别存放于彭旭峰家中和贾某、蔡某家中。办案机关提取并扣押上述黄金制品。

(二)涉嫌洗钱犯罪事实

2012年至2017年,贾斯语将彭旭峰受贿犯罪所得人民币4299万余元通过地下钱庄或者借用他人账户转移至境外。

2014 年至 2017 年，彭旭峰、贾斯语先后安排彭某一等人将彭旭峰受贿款兑换成外币后，转至贾斯语在其他国家开设的银行账户，先后用于在 4 个国家购买房产、国债及办理移民事宜等。应中华人民共和国刑事司法协助请求，相关国家对涉案房产、国债、资金等依法予以监管和控制。

| 诉讼过程 |

2017 年 4 月 1 日，湖南省岳阳市人民检察院以涉嫌受贿罪对彭旭峰立案侦查，查明彭旭峰已于同年 3 月 24 日逃匿境外。同年 4 月 25 日，湖南省人民检察院对彭旭峰决定逮捕，同年 5 月 10 日，国际刑警组织对彭旭峰发布红色通报。

2017 年 4 月 21 日，岳阳市人民检察院以涉嫌受贿罪、洗钱罪对贾斯语立案侦查，查明贾斯语已于同年 3 月 10 日逃匿境外。同年 4 月 25 日，湖南省人民检察院对贾斯语决定逮捕，同年 5 月 10 日，国际刑警组织对贾斯语发布红色通报。

2018 年 9 月 5 日，岳阳市人民检察院将本案移交岳阳市监察委员会办理。岳阳市监察委员会对彭旭峰、贾斯语涉嫌职务犯罪案件立案调查，并向岳阳市人民检察院移送没收违法所得意见书。2019 年 6 月 22 日，岳阳市人民检察院向岳阳市中级人民法院提出没收违法所得申请。利害关系人贾某、蔡某、邱某某在法院公告期间申请参加诉讼。其中贾某、蔡某对在案扣押的 38 万元提出异议，认为在案证据不能证明该 38 万元属于违法所得，同时提出彭旭峰、贾斯语未成年儿子在国内由其夫妇抚养，请求法庭从没收财产中为其预留生活、教育费用；邱某某对检察机关没收违法所得申请无异议，建议司法机关在执行时将冻结的某商业有限公司 40%股份变卖后，扣除 7500 万元违法所得，剩余部分返还给其公司。2020 年 1 月 3 日，岳阳市中级人民法院作出违法所得没收裁定，依法没收彭旭峰实施受贿犯罪、贾斯语实施受贿、洗钱犯罪境内违法所得共计人民币 1 亿余元、黄金制品以及境外违法所得共计 5 处房产、250 万欧元国债及孳息、50 余万美元及孳息。同时对贾某、蔡某提出异议的38万元解除扣押,予以返还;对邱某某所提意见予以支持,在执行程序中依法处置。

|检察履职情况|

(一)提前介入完善证据体系。本案涉嫌受贿、洗钱犯罪数额特别巨大,涉案境外财产分布在4个国家,涉及大量通过刑事司法协助获取的境外证据。检察机关发挥提前介入作用,对监察机关提供的案卷材料进行全面审查,详尽梳理案件涉及的上下游犯罪、关联犯罪关系以及电子证据、境外证据、再生证据等,以受贿罪为主线,列明监察机关应予补充调查的问题,并对每一项补证内容进行分解细化,分析论证补证目的和方向。经过监察机关补充调查,进一步完善了有关受贿犯罪所得去向和涉嫌洗钱犯罪的证据。

(二)证明境外财产属于违法所得。在案证据显示彭旭峰、贾斯语将受贿所得转移至4个国家,用于购买房产、国债等。其中对在某国购买的房产,欠缺该国资金流向和购买过程的证据。检察机关认为,在案证据证明,贾斯语通过其外国银行账户向境外某公司转账59.2万美元,委托该境外公司购买上述某国房产,该公司将其中49.4万美元汇往某国,购房合同价款为43.5万美元。同一时期内彭旭峰多次安排他人,将共计人民币390余万元(折合60余万美元)受贿所得汇至贾斯语外国银行账户,汇款数额大于购房款。因此,可以认定彭旭峰、贾斯语在该国的房产高度可能来源于彭旭峰受贿所得,应当认定该房产为违法所得予以申请没收。检察机关对彭旭峰、贾斯语在上述4个国家的境外财产均提出没收申请,利害关系人及其诉讼代理人均未提出异议,法院裁定均予以支持。

(三)依法审慎适用特别程序追缴违法所得。本案彭旭峰涉嫌受贿犯罪事实,大部分系伙同彭某一共同实施,彭某一并未逃匿,其受贿案在国内依照普通刑事诉讼程序办理,二人共同受贿犯罪涉及的部分境内财产已在彭某一案中予以查封、扣押或冻结。检察机关审查认为,本案系利用彭旭峰的职权实施,彭旭峰系本案主犯,对受贿行为起到了决定作用,宜将彭某一案中与彭旭峰有关联的境内财产,如兄弟二人在长沙市购买的房产、共同借款给他人的资金等，均纳入违法所得没收程序申请没收。利害关系人及其诉讼代理人和彭某一对此均未提出异议。人民法院作出的违法所得没收裁定生效后，通过国际刑事司法协助申请境外执行，目前已得到部分国家承认。

| 指导意义 |

（一）依法加大对跨境转移贪污贿赂所得的洗钱犯罪打击力度。犯罪嫌疑人、被告人逃匿境外的贪污贿赂犯罪案件，一般均已先期将巨额资产转移至境外，我国刑法第一百九十一条明确规定此类跨境转移资产行为属于洗钱犯罪。《最高人民法院、最高人民检察院关于适用犯罪嫌疑人、被告人逃匿、死亡案件违法所得没收程序若干问题的规定》明确规定对于洗钱犯罪案件，可以适用特别程序追缴违法所得及其他涉案财产。检察机关在办理贪污贿赂犯罪案件中，应当加大对涉嫌洗钱犯罪线索的审查力度，对于符合法定条件的，应积极适用违法所得没收程序追缴违法所得。

（二）准确认定需要没收违法所得的境外财产。《最高人民法院、最高人民检察院关于适用犯罪嫌疑人、被告人逃匿、死亡案件违法所得没收程序若干问题的规定》明确规定对于适用违法所得没收程序案件，适用“具有高度可能”的证明标准。经审查，有证据证明犯罪嫌疑人、被告人将违法所得转移至境外，在境外购置财产的支出小于所转移的违法所得，且犯罪嫌疑人、被告人没有足以支付其在境外购置财产的其他收入来源的，可以认定其在境外购置的财产具有高度可能属于需要申请没收的违法所得。

（三）对于主犯逃匿境外的共同犯罪案件，依法审慎适用特别程序追缴违法所得。共同犯罪中，主犯对全部案件事实负责，犯罪后部分犯罪嫌疑人、被告人逃匿境外，部分犯罪嫌疑人、被告人在境内被司法机关依法查办的，如果境内境外均有涉案财产，且逃匿的犯罪嫌疑人、被告人是共同犯罪的主犯，依法适用特别程序追缴共同犯罪违法所得，有利于全面把握涉案事实，取得较好办案效果。

|相关规定|

《中华人民共和国监察法》第四十八条

《中华人民共和国刑法》第一百九十一条第一款、第三百八十五条第一款

《中华人民共和国刑事诉讼法》第二百九十八条、第二百九十九条、第三百条

《人民检察院刑事诉讼规则》第十二章第四节

《最高人民法院、最高人民检察院关于适用犯罪嫌疑人、被告人逃匿、死亡案件违法所得没收程序若干问题的规定》第一条至第三条,第五条至第十条,第十三条至第十七条

检例 第 129 号

黄艳兰贪污违法所得没收案

关键词 违法所得没收 利害关系人异议 善意第三方

|要旨|

检察机关在适用违法所得没收程序中,应当承担证明有犯罪事实以及申请没收的财产属于违法所得及其他涉案财产的举证责任。利害关系人及其诉讼代理人参加诉讼并主张权利,但不能提供合法证据或者其主张明显与事实不符的,应当依法予以辩驳。善意第三方对申请没收财产享有合法权利的,应当依法予以保护。

|基本案情|

犯罪嫌疑人黄艳兰,女,原某市物资总公司(简称物资总公司)总经理、法定代表人。

利害关系人施某某,黄艳兰朋友。

利害关系人邓某某,黄艳兰亲属。

利害关系人 A 银行股份有限公司上海分行(简称 A 银行上海分行)。

利害关系人B银行股份有限公司上海市南支行(简称B银行市南支行)。

利害关系人C银行股份有限公司上海市虹桥开发区支行(简称C银行虹桥支行)。

1993年5月至1998年8月,物资总公司用自有资金、银行贷款及融资借款经营期货等业务,由黄艳兰等人具体操作执行。其间,黄艳兰利用职务上的便利,先后控制和使用包括D商贸有限公司(简称D公司)等多个银行账户和证券账户进行期货交易,累计盈利人民币1.8亿余元,其中1.1亿余元未纳入物资总公司管理,由黄艳兰实际控制。

1997年7月至1999年4月,黄艳兰直接或指使他人先后从D公司等六个账户转出人民币3000.35万元,以全额付款方式在上海购买2套房产,又向A银行上海分行、B银行市南支行、C银行虹桥支行按揭贷款在上海购买50套房产,分别登记在李某某(黄艳兰亲属)、施某某等人名下。在公司改制过程中,黄艳兰隐匿并占有上述房产。

2000年12月,涉案20套房产因涉及民事纠纷被法院查封。为逃避债务,黄艳兰指使其亲属李某某将另外32套房产的合同权益虚假转让给施某某和高某某(施某某朋友),后又安排邓某某与施某某、高某某签订委托合同,继续由邓某某全权管理该房产。之后,黄艳兰指使邓某某出售15套,用部分售房款和剩余的17套房产(登记在施某某、高某某名下)出租所得款项又购买6套房产,其中4套登记在施某某名下,2套登记在蒋某(邓某某亲属)名下,另将部分售房款和出租款存入以施某某等人名义开设的银行账户。经查,上述23套房产均以按揭贷款方式购买。2002年12月至2003年5月,广西壮族自治区桂林市人民检察院依法查封了涉案23套房产,依法冻结施某某等人银行账户内存款人民币90余万元、美元2.7万余元。

|诉讼过程|

2002年8月14日,桂林市人民检察院以涉嫌贪污罪对黄艳兰立案侦查,查明黄艳兰已于2001年12月8日逃匿境外。2002年8月16日,桂林市人民检察院决定对黄艳兰刑事拘留,同年12月30日决定逮捕。2005年5月23

日，国际刑警组织对黄艳兰发布红色通报。2016年12月23日，桂林市人民检察院向桂林市中级人民法院提出没收违法所得申请。利害关系人施某某、邓某某、A银行上海分行、B银行市南支行、C银行虹桥支行申请参加诉讼，对涉案财产主张权利。2018年11月15日，桂林市中级人民法院作出裁定，依法没收黄艳兰实施贪污犯罪所得23套房产、银行账户内存款人民币90余万元、美元2.7万余元及利息，依法向A银行上海分行、B银行市南支行、C银行虹桥支行支付贷款欠款本金、利息及实现债权的费用。利害关系人施某某、邓某某不服提出上诉。2019年6月29日，广西壮族自治区高级人民法院驳回上诉，维持一审裁定。

| 检察履职情况 |

（一）详细梳理贪污资金流向，依法认定涉案财产属于贪污违法所得。检察机关经审查在案资金流向相关证据，结合对黄艳兰实施贪污犯罪行为的分析，证实黄艳兰贪污公款后购买52套房产，其中2套以全额付款方式购买，50套以抵押贷款方式购买。司法机关已在相关民事诉讼中依法强制执行20套，黄艳兰指使邓某某出售15套，后用售房款和出租剩余17套房产所得款项又购买6套房产，另将部分售房款和出租房屋所得款项存入施某某等人名下银行账户。因此，在案23套房产以及存入施某某等人名下银行账户中的款项，均系黄艳兰贪污犯罪所得，依法应予以没收。

（二）针对性开展举证、质证、答辩，依法驳斥利害关系人不当异议。在开庭审理过程中，利害关系人邓某某及其诉讼代理人提出，以李某某名义开设的E期货账户曾转出3077万元至黄艳兰控制的D公司账户，购房资金来源于李某某从事期货交易的收益，并向法庭提交了开户资料等证据。出庭检察员对此从证据的合法性、真实性和关联性等方面，发表质证意见，提出邓某某及其诉讼代理人提交的开户资料等证据均为复印件，均未加盖出具单位公章，并有明显涂改痕迹，不具备证据的真实性。同时，根据证监会对涉案部分期货合约交易中有关单位和个人违规行为的处罚决定、期货公司出具的说明等书证、司法会计鉴定意见、检验鉴定意见以及相关证人证言，足以证实E期货账户系由黄艳兰指挥物资总公司工作人员开设和操作,账户内的保证金和资金高度可能属于物资总公司的公款。邓某某及其诉讼代理人所提意见与本案证据证明的事实不符,建议法庭不予采纳。另一利害关系人施某某及其诉讼代理人提出,施某某、高某某名下房产系施某某合法财产。对此,出庭检察员答辩指出,上述房产是相关民事纠纷过程中,黄艳兰为逃避债务,与李某某、黄某一(黄艳兰亲属)串通,将涉案房产登记到二人名下。且在变更登记后,施某某即将涉案房产委托给邓某某全权管理,涉案房产仍由邓某某实际控制,售房款、出租款等也均由邓某某控制和使用。施某某无法提交购房资金来源的证据,以证明其实际支付了购房款。因此,施某某及其诉讼代理人所提意见,与本案证据证明的事实不符,不应支持。法院对检察机关上述意见均予采纳。

(三)依法认定其他利害关系人身份,切实保护善意第三方合法权益。涉案23套房产均系黄艳兰利用贪污所得资金支付首付款后,向A银行上海分行、B银行市南支行、C银行虹桥支行以按揭贷款方式购买,三家银行对按揭贷款房产依法进行抵押,约定了担保债权的范围。诉讼期间,三家银行及其诉讼代理人提出,涉案房产的借款合同均合法有效,并享有抵押权,依法应当优先受偿。检察机关经审查认为,三家银行既未与黄艳兰串通,亦不明知黄艳兰购房首付款系贪污赃款,依法应当认定为善意第三方,其合法权益应当予以保护。根据《最高人民法院、最高人民检察院关于适用犯罪嫌疑人、被告人逃匿、死亡案件违法所得没收程序若干问题的规定》第七条第一款、第二款规定,检察机关依法认定上述三家银行系本案的“其他利害关系人”,对三家银行主张的优先受偿权,依法予以支持。

指导意义

(一)利害关系人对申请没收财产提出异议或主张权利的,检察人员出庭时应当作为质证重点。根据《最高人民法院、最高人民检察院关于适用犯罪嫌疑人、被告人逃匿、死亡案件违法所得没收程序若干问题的规定》第十五条的规定,利害关系人在诉讼中对检察机关申请没收的财产属于违法所得及其他涉案财产等相关事实及证据有异议的,可以提出意见;对申请没收财产主张权利的，应当出示相关证据。对于其提供的证据不合法，或其异议明显与客观事实不符的，出庭检察人员应当围绕财产状态、财产来源、与违法犯罪的关系等内容，有针对性地予以驳斥，建议人民法院依法不予支持。

（二）善意第三方对申请没收财产享有合法权益的，应当依法保护。对申请没收财产因抵押而享有优先受偿权的债权人，或者享有其他合法权利的利害关系人，如果在案证据能够证明其在抵押权设定时对该财产系违法所得不知情，或者有理由相信该财产为合法财产，依法应当认定为善意第三方，对其享有的担保物权或其他合法权利，依法应当予以保护。

相关规定

《中华人民共和国刑法》第三百八十二条第一款

《中华人民共和国合同法》第一百零七条、第二百零五条

《中华人民共和国担保法》第三十三条、第四十六条

《中华人民共和国刑事诉讼法》第二百九十八条、第二百九十九条、第三百条

《人民检察院刑事诉讼规则》第十二章第四节

《最高人民法院、最高人民检察院关于适用犯罪嫌疑人、被告人逃匿、死亡案件违法所得没收程序若干问题的规定》第一条至第三条，第五条至第十条，第十三条至十七条

检例 第 130 号

任润厚受贿、巨额财产来源不明违法所得没收案

关键词 违法所得没收 巨额财产来源不明 财产混同 孳息

|要旨|

涉嫌巨额财产来源不明犯罪的人在立案前死亡,依照刑法规定应当追缴其违法所得及其他涉案财产的,可以依法适用违法所得没收程序。对涉案的巨额财产,可以由其近亲属或其他利害关系人说明来源。没有近亲属或其他利害关系人主张权利或者说明来源,或者近亲属或其他利害关系人主张权利所提供的证据达不到相应证明标准,或说明的来源经查证不属实的,依法认定为违法所得予以申请没收。违法所得与合法财产混同并产生孳息的,可以按照违法所得占比计算孳息予以申请没收。

|基本案情|

犯罪嫌疑人任润厚,男,某省人民政府原副省长,曾任 A 矿业(集团)有限责任公司(简称 A 集团)董事长、总经理,B 环保能源开发股份有限公司(简称

B环能公司)董事长。

利害关系人任某一,任润厚亲属。

利害关系人任某二,任润厚亲属。

利害关系人袁某,任润厚亲属。

(一)涉嫌受贿犯罪事实

2001至2013年,犯罪嫌疑人任润厚利用担任A集团董事长、总经理,B环能公司董事长,某省人民政府副省长等职务上的便利,为相关请托人在职务晋升、调整等事项上提供帮助,向下属单位有关人员索要人民币共计70万元用于贿选;要求具有行政管理关系的被管理单位为其支付旅游、疗养费用,共计人民币123万余元;收受他人所送人民币共计30万元,被办案机关依法扣押、冻结。

(二)涉嫌巨额财产来源不明犯罪事实

2000年9月至2014年8月,犯罪嫌疑人任润厚及其亲属名下的财产和支出共计人民币3100余万元,港币43万余元,美元104万余元,欧元21万余元,加元1万元,英镑100镑;珠宝、玉石、黄金制品、字画、手表等物品155件。

任润厚的合法收入以及其亲属能够说明来源的财产为人民币1835万余元,港币800元,美元1489元,欧元875元,英镑132镑;物品20件。任润厚亲属对扣押、冻结在案的人民币1265万余元,港币42万余元,美元104万余元,欧元21万余元,加元1万元及物品135件不能说明来源。

|诉讼过程|

2014年9月20日,任润厚因严重违纪被免职,同年9月30日因病死亡。经最高人民检察院指定管辖,江苏省人民检察院于2016年7月11日启动违法所得没收程序。同年10月19日,江苏省人民检察院将案件交由扬州市人民检察院办理。同年12月2日,扬州市人民检察院向扬州市中级人民法院提出没收违法所得申请。

利害关系人任某一、任某二、袁某申请参加诉讼。2017年6月21日,扬州市中级人民法院公开开庭审理。同年7月25日,扬州市中级人民法院作出违法所得没收裁定,依法没收任润厚受贿犯罪所得人民币30万元及孳息;巨额财产来源不明犯罪所得人民币1265万余元、港元42万余元、美元104万余元、欧元21万余元、加元1万元及孳息,以及珠宝、玉石、黄金制品、字画、手表等物品135件。

|检察履职情况|

(一)准确把握立法精神,依法对立案前死亡的涉嫌贪污贿赂犯罪行为人适用违法所得没收程序。任润厚在纪检监察机关对其涉嫌严重违纪违法问题线索调查期间因病死亡。检察机关认为,与普通刑事诉讼程序旨在解决涉嫌犯罪人的定罪与量刑问题不同,违法所得没收作为特别程序主要解决涉嫌犯罪人的违法所得及其他涉案财产的追缴问题,不涉及对其刑事责任的追究。因此,涉嫌贪污贿赂犯罪行为人在立案前死亡的,虽然依法不再追究其刑事责任,但也应当通过违法所得没收程序追缴其违法所得。本案中,任润厚涉嫌受贿、巨额财产来源不明等重大犯罪,虽然未被刑事立案即死亡,但其犯罪所得及其他涉案财产依法仍应予以追缴,应当通过违法所得没收程序进行处理。

(二)认真核查财产来源证据,依法认定巨额财产来源不明的涉嫌犯罪事实及违法所得数额。办案中,检察机关对任润厚本人及其转移至亲属名下的财产情况、任润厚家庭支出及合法收入情况,进行了重点审查,通过对涉案270余个银行账户存款、现金、155件物品的查封、扣押、冻结,对160余名证人复核取证等工作,查明了任润厚家庭财产的支出和收入情况。根据核查情况,将任润厚家庭的购房费用、购车费用、女儿留学费用、结婚赠与及债权共929万元纳入重大支出范围,计入财产总额。鉴于任润厚已经死亡,且死亡前未对本人及转移至亲属名下的财产和支出来源作出说明,检察机关依法向任润厚的亲属调查询问,由任润厚亲属说明财产和支出来源,并根据其说明情况向相关单位、人员核实,调取相关证据。对于相关证据证实及任润厚亲属能够说明合法来源的工资奖金、房租收入、卖房所得、投资盈利等共计1806万余元,以及手表、玉石、黄金制品等物品,依法在涉案财产总额中予以扣减。将犯罪嫌疑人及其亲属名下财产和家庭重大支出数额,减去家庭合法收入及其近亲属等利害关系人能说明合法来源的收入,作为任润厚涉嫌巨额财产来源不明罪的违法所得,据此提出没收违法所得申请。利害关系人任某一和袁某对检察机关没收申请没有提出异议。任某二对于检察机关将任润厚夫妇赠与的50万元购车款作为重大支出计入财产总额,提出异议,并提供购车发票证明其购买汽车裸车价格为30万元,提出余款20万元不能作为重大支出,应从没收金额中扣减。检察机关根据在案证据认为不应扣减,并在出庭时指出:该50万元系由任润厚夫妇赠与任某二,支出去向明确,且任润厚家庭财产与任某二家庭财产并无混同;购车费用除裸车价格外,还包括车辆购置税、保险费等其他费用;任某二没有提供证据,证明购车款结余部分返还给任润厚夫妇。因此,其主张在没收金额中扣减20万元的依据不足,不应支持。该意见被法院裁定采纳。

(二)依法审查合法财产与违法所得混同的财产,按违法所得所占比例认定和申请没收违法所得孳息。经审查认定,依法应当申请没收的巨额财产来源不明犯罪所得为人民币1265万余元、部分外币以及其他物品。冻结在案的任润厚及其亲属名下财产为人民币1800余万存款、部分外币以及其他物品。其中本金1800余万元存款产生了169万余元孳息。关于如何确定应当没收的孳息,检察机关认为,可以按该笔存款总额中违法所得所占比例(约1265/1800=70.2%),计算出违法所得相应的孳息,依法予以申请没收,剩余部分为合法财产及孳息,返还给其近亲属。法院经审理予以采纳。

|指导意义|

(一)涉嫌贪污贿赂等重大犯罪的人立案前死亡的,依法可以适用违法所得没收程序。违法所得没收程序的目的在于解决违法所得及其他涉案财产的追缴问题,不是追究被申请人的刑事责任。涉嫌实施贪污贿赂等重大犯罪行为的人,依照刑法规定应当追缴其犯罪所得及其他涉案财产的,无论立案之前死亡或立案后作为犯罪嫌疑人、被告人在诉讼中死亡,都可以适用违法所得没收程序。

(二)巨额财产来源不明犯罪案件中,本人因死亡不能对财产来源作出说明的,应当结合其近亲属说明的来源,或者其他利害关系人主张权利以及提供的证据情况,依法认定是否属于违法所得。已死亡人员的近亲属或其他利害关系人主张权利或说明来源的,应要求其提供相关证据或线索,并进行调查核实。没有近亲属或其他利害关系人主张权利或说明来源,或者近亲属或其他利害关系人虽然主张权利但提供的证据没有达到相应证明标准,或者说明的来源经查证不属实的,应当依法认定为违法所得,予以申请没收。

(三)违法所得与合法财产混同并产生孳息的,可以按照比例计算违法所得孳息。在依法查封、扣押、冻结的犯罪嫌疑人财产中,对违法所得与合法财产混同后产生的孳息,可以按照全案中合法财产与违法所得的比例,计算违法所得的孳息数额,依法申请没收。对合法财产及其产生的孳息,及时予以返还。

|相关规定|

《中华人民共和国刑法》第三百八十二条第一款、第三百八十五条第一款、第三百九十五条第一款

《中华人民共和国刑事诉讼法》第二百八十条第一款、第二百八十二条第一款

《人民检察院刑事诉讼规则》第十二章第四节

《最高人民法院、最高人民检察院关于适用犯罪嫌疑人、被告人逃匿、死亡案件违法所得没收程序若干问题的规定》第一条至第三条,第五条至第十条,第十三条至十七条